教科書に
書かれなかった戦争
PART70

北村小夜

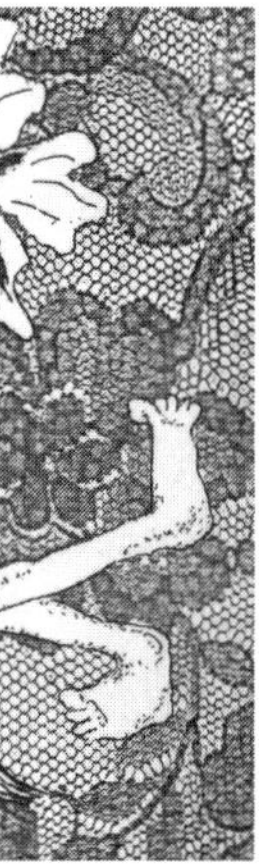

新装増補版

慈愛による差別

——象徴天皇制・教育勅語・パラリンピック

梨の木舎

『新装増補版・慈愛による差別』にあたって

このたびの明仁から徳仁への代替わり騒動の最中に、『慈愛による差別』を再版しようという声が上がった。『慈愛による差別』を出版したのは1991年、裕仁から明仁への代替わりの直後であった。そのイベントに多くの人が釈然としないものを持ち論議たけなわであった。しかし、政権が海部・宮沢・細川・村山・橋本・小渕・森・小泉・安倍・福田・麻生・鳩山・菅・野田と変わり、安倍が居座る中、つぎつぎに起こる思いがけない事件に追われているうちに生前退位などと言いだされ、課題が続いていることに気がついたわけである。そもそも大日本帝国憲法下の天皇と日本国憲法下の天皇は明らかに違う。日本国憲法がその存在を承認したと言っても旧天皇制の存続ではない筈である。裕仁から明仁への代替わり当時の政権は日本国憲法の及ばないところはそっくり大日本帝国憲法時のシステムに従ってしまったが、今次はそれをなし崩し的に踏襲し、代替わりイベントを越えて定着してしまったようである。

平成という30年間を大雑把に概観すれば、科学・情報等の急速な発達の中で、官僚の道義の退廃、ひたすら逆戻りの一途であったように思う。

典型的なのが、「日の丸・君が代」の強制と定着である。

小学校1992、中学1993年から実施の第5回改訂学習指導要領は日の丸・君が代の徹底に向かって新たな枠組みを作った。それまで小・中・高の「特別活動」のなかで「国民の祝日などにおいて儀式などを行なう場合には、児童・生徒に対してこれらの祝日などの意義を理解させるとともに、国旗を掲揚し、国歌を斉唱させることが望ましい」とされていたが、改訂では「入学式や卒業式などにおいては、その意義を踏まえ、国旗を掲揚するとともに国歌を斉唱するよう指導するものとする」になった。また小学校6年社会科では「国旗」を、音楽各学年で国歌「君が代」を扱っていたが、新しく4年の社会で「国旗」を、6年社会で「国旗・国歌」の両方を教え、中学公民分野で「国旗・国歌」を扱うことになった。

この「望ましい」から「指導するものとする」への変更は「日の丸掲揚・君が代斉唱」を教師・児童生徒に強制することを意味し、西岡文相は「違反は処分の対象になる」と発言した。「望ましい」の時代から文部省は徹底通知や実施状況調査を行ない、多くの自治体ではこれに追随し、反対する教員に対する処分も行われていた（沖縄かりゆし国体における知花昌一の日の丸焼き捨て事件、京都君が代訴訟、北九州ココロ裁判なども含めて）。しかし、裕仁の死、「大喪の礼」をへて1989年3月に告示された指導要領は強制を通して天皇制の再編成を目指す政府の強い意志が示された。

強制と抵抗の中で1999年には世羅高校校長の自殺事件があり、これを契機に1999

年8月9日国旗・国歌法が成立した。この法律の制定に先立って、7月8日午後に行なわれた衆議院内閣委員会中央公聴会に私は社会民主党推薦の公述人として出席した。数の上では成立の道筋はできているし、議員の関心も薄い、沖縄公聴会では知花昌一さんが「公聴会は国のアリバイ作りでしかない」と言って断ったと聞き迷ったが、どうせ誰かが出るのだから反対の意思を記録に残すくらいはしようと決心した。衆議院の門を入ろうとしたとき学生が、「強行採決に結びつく公聴会の強行を阻止しよう」というビラをくれた。わかっているよと呟き、畳んでポケットに入れ案内に従った。最初に自由党推薦の百地章さんが「教育現場の混乱を解消するために法制化が必要である」と述べ、ついで山住正己さんが「侵略の旗と歌を国歌・国旗にすることは認められない」ことを述べ、最後に私が体験をもとに「再び軍国少女を作るな」と述べた。会場傍聴席には仲間が大勢来てくれていて心強かったが議員の反応は鈍かった。そして国旗国歌法は成立した。

成立するや、政府見解では、義務付け強制はしないと明言していたにもかかわらず、全国各地の教育委員会により急速に強制実施されていった。

東京都教育委員会は2003年10月23日、「入学式・卒業式等における国旗掲揚及び国歌斉唱の実施について」という通達を出した。いわゆる10・23通達と言われるもので、強制的・画一的卒業式の完全実施を目指したものである。曰く「国旗は、式典会場の舞台壇上正面に掲揚する。…国旗にあっては、舞台壇上正面に向かって左、都旗にあっては右に掲揚する」「教職員は、会場の指定された席で国旗に向かって起立し、国歌を斉唱する」これを職務命令として教員個々に手交する。その上式次第・教員の座席指定表を提出させ、式当日は指導主事を派遣し不起立者を特定して処分する。というものである。当然のこととして自由を求める教師たちの闘いは多くの処分者を生んだ。子ども中心の卒業式は姿を消し、学校は一見平穏に見えるが、水面下を含め闘いは続いている。

２００６年には個の人格形成を目指してきた教育基本法が国家の形成者を目指すべく改訂された。それに基づいて学習指導要領も改訂され、安倍政権はこのような土台の上に教育再生と称して格差を拡大してきた。２０１８年からは道徳が教科化されたがいじめも不登校も増え続けている。一方もう誰の手にも負えない原発問題を先送りしながらオリンピックをやろうとしている。この第32回オリンピック競技大会（２０２０東京）では7・24、天皇徳仁が名誉総裁として開会宣言をする。

代替わり騒動以来、天皇や皇族が身近に出没することが多くなった。そんな出会いのなか責任を追及すべきなのに闘いの焦点を見失ってしまう人が後を絶たない。救われるのは世に弱者（障害者・優生手術被害者・ハンセン病家族……）と言われ差別されてきた人たちの立ち上がりである。

北村小夜

２０２０年2月

もくじ

序章　軍国少女はつくられた

遠足――聖域拡散をありがたくうけて

明治政府は大日本帝国天皇の万世一系たることを示すべく、天皇陵さがし、天皇陵づくりをした。存在さえもあきらかでない天皇の陵を示すのだから相当な無理をしたことは想像に難くない。

高橋紘著『象徴天皇制』（岩波新書）によれば、なかでも傑作は一八七四年の神陵三陵指定である。ニニギノミコト、ホホデミノミコト、ウガヤフキアエズノミコトの陵で、いずれも鹿児島県のかなり交通も不便なところであるが、宮内庁によって管理され、折りにふれて皇族の参拝もあるという。人里離れたウガヤフキアエズノミコト陵には一九三五年に裕仁が、終戦報告に三笠宮が、一九六二年には明仁夫妻が行っている。

しかし、分祀された陵をふくめても天皇陵だけでは近畿地方に集中して、全国に皇威が広く行きわたらない。そこでとられたのが聖域拡散政策である。天皇に限定せず、陵に限定せず聖域を広めていったようである。

そのあおりであろうか、遠足に行くのはたいてい天皇か皇族の誰かが何かをした所であった。水天宮（九代久留米藩主有馬頼徳が江戸屋敷に分祀した東京の水天宮のほうが有名であるが）に行けば安徳天皇と二位尼がいた。高良山に登れば仲哀天皇、応神天皇、神功皇后それに武内宿祢らがいた。林間学校に行く基山は天智天皇が築いた基津城跡であった。

一年生の時速足に行った宮の陣は後醍醐天皇の第七皇子である懐良親王が南北朝の争乱

の時、陣を張った所で、彼が植えたという梅の木が柵の中にあり「将軍梅」と呼ばれていた。福岡県の久留米には必勝堂というお菓子屋がある。多分日露戦争の頃に出来たのだろうが、そこで作る「将軍梅」というお菓子はいまなお作り続けられ、必勝堂のおすすめ品である。拡散された聖域はいろいろに拡散されていくわけである。

一、高牟礼山の朝日かげ
　いとうらかに影さして
　南風のどかに吹き薫る
　我が住む里ぞ豊かなる

二、筑紫の御幸かしこくも
　明治の帝の御車を
　駐めたまひしあと残る
　我が学舎ぞ光ある

三、五穀神社の春の花
　遍照院の秋の月

忠義の誠輝ける
そのおもかげぞ仰がるる

四、発明工夫にいそしみて
世の公益をひろめたる
いさをしのぶ碑に
その人柄ぞ慕はるる

五、男女のへだてなく
いよよ智徳をみがきつつ
君と親とに身をつくす
これぞわれらの努めなる

（南薫尋常小学校々歌）

どこの校歌も似たようなものだろうが、私が卒業した小学校の当時の校歌である。郷土の風景や遺跡、そして決意を歌っている。

高牟礼山は高良山の別称、南薫は高良山を東に仰ぐ位置にある。

「史蹟明治天皇行在所跡」の碑の前での記念撮影。著者小学校４年の時のクラス写真

三番の五穀神社は筑後川の水利を改善した五庄屋も祀る神社で桜の名所である。遍照院には尊皇の志あつく全国を歩き寛政の三奇人の一人といわれる高山彦九郎の墓がある。

四番の発明は、からくり儀右衛門、または東芝の前身の工場をつくったとして知られる田中久重、工夫は久留米絣創始者井上でんのことで、いずれも近くに碑がある。

五番はいつも変な気分で歌っていた。クラスも男女別だし、女は損ばかりしているのに孝行と忠義だけは同じにしろとはあわないなあと。

ところでかんじんの二番である。

一九一一年、九州地方陸軍大演習が久留米市を中心に行なわれた。その時やってきた明治天皇が南薫校に立ちよったことを歌ったものである。今も、史蹟明治天皇行在所跡という碑が建っている。ちょっと休憩しただけである。この県では私が知っているだけでも宿舎になった中学明善校（現明善高校）に同様の碑が、筑後川の堤防には明治天皇御野立所跡という碑が建っている。後に入手した南薫小学校開校七十五周年記念誌に「一九四六年一〇月文部省は教育勅語、詔書の捧読及び天皇御写真の拝賀を禁止した。本校では奉安殿を取り壊した。また、文部省は本校及び筑後川岸の明治天皇史蹟を取り壊した」とある。

爆弾三勇士

日の丸の旗の波を上から見下ろした「感動」を覚えている。爆弾三勇士の栄光を讃える旗行列を誰かに抱き上げられて上からみた時の事である。お正月や誕生日に皇居のバルコニーから見下す旗の波は、規模においてもはるかにこれを超えるものであるからいい気分になるのも無理はない。

爆弾三勇士については山中恒をはじめたくさんの人が書いている。故上野英信の『天皇陛下萬歳――爆弾三勇士序説』（『辺境』に連載、のちに筑摩書房刊）はその真摯さにおいて、また執念において群をぬいているが、私は江崎誠致の「死児の齢――爆弾三勇士他』に同郷少年の眼差を感じて親近感を覚える。

一九三二年の上海事変で廟行鎮陣地に歩兵の突撃路をひらくべく、江下、北川、作江の三人の工兵が爆弾を抱えて飛びこみ爆死した。――のちになってあれは上官の指示の誤りによるもので、充分爆弾を投げこんで生還できるものであったときいた。

このことが報道されるや、官民あげて「三勇士」、「三勇士」と讃えた。とくに三人が所属した一二師団のあった久留米市でもちきりであった。

『少年倶楽部』を始めマスコミはさらに煽った。

故坂本繁二郎は戦争画を描かなかった数少ない画家のように言われているが、このころ彼は三勇士像を描いている。それは無残にも敗戦直後練兵場で野積みされた荷物のシート代わりに使われていた。

これと同じように戦後あちこちにあった三勇士像は破壊されたり焼き捨てられたりしたが、靖国神社に行けば燈籠の台座にはめこまれたレリーフの一つにそれをみることができる。東京・港区の青松寺には銅像の一部がある。

しかし(『天皇陛下萬歳』にくわしいが)あれだけ讃えられながら、ついに軍神にならず勇士でおわった。それは密かにではあるが、かなり広汎に流れていた噂によれば、三人の中に一人被差別部落出身の者がいたからだという。

私はいまでも二月の寒さをあらわす言葉として、最もよく歌った次の歌の「折から凍る如月の二十二日の午前五時」より適切な言葉を知らない。

廟行鎮の敵の陣
我の友隊すでに攻む
折から凍る如月の
二十二日の午前五時

命令下る正面に
開け歩兵の突撃路
待ちかねたりと工兵の
だれが遅れをとるべきや

中にも進む一組の
江下、北川、作江たち（以下略）

（「肉弾三勇士の歌」　与謝野寛作）

のらくろ

七歳の時父が死んだ。夜半に宴会から帰って、何やらどさりと枕許に置いて何か言ったのは覚えているが、眠くて答えられなかった。暫くして起こされた時は、もう激しい息づかいをするばかりで呼んでも答えてくれなかった。医師は心臓麻痺だと言った。

並んで寝ていた三人の子どもの枕許に置いたものは『少年倶楽部』とバナナであった。

一九三三年、そのころ雑誌を購読する子などそうはいなかった。兄と弟と私は、それまでもそれからも毎月一冊の『少年倶楽部』を三人で愛読した。私たちが読み終わるのを待って借りに来る子もいた。

まっ先に読むのは田河水泡のマンガ『のらくろ』であった。「黒い体に大きな目……末は大将か元帥か」という歌も覚えてみんなで歌った。——戦後『のらくろ』は変身して、また一部の庶民が哀感を共にしたようであるが、私はその『のらくろ』を知らない。戦争中『のらくろ』のはたした役割の大きさを考えると、そんなことをする作者も許せない。

そもそも『のらくろ』がなぜ子どもたちの人気を呼んだかというと、そそっかしくて失敗ばかりするのら犬のくろが猛犬連隊に入って、みんなを笑わせながら出世していく物語であったからである。『のらくろ』は軍隊を明るく楽しく、がんばりがいのあるものとして子どもたちに親しませた。作者が陸軍の内務班を取材に訪れ隊員達と親しく交流する場面が同じ雑誌に写真入りで紹介されたりもした。

やがて猛犬連隊は、あきらかに中国を模したと思われる白ブタ軍に攻めこみ戦争を続け子どもたちを奮いたたせた。

私は、『のらくろ』が、非人間的な日本の軍隊を子どもたちの身近なものにした罪を許すわけにいかない。どれだけ多くの子どもたちが青年になっていく中で軍隊に入っていったか、直接の影響ではないかもしれないが、その責任は大きい。いくら高齢だからといっても、その罪を清算しないうちに作者田河水泡に賞など贈ってはならなかったと思う。

明仁誕生

ともかく男が待たれていた。裕仁にはすでに五人の子どもがいたがすべて女であった。男すなわち皇太子誕生が待たれていた。

何れにしろ誕生の時には一分間のサイレンが鳴ることになっていた。それがもし男だったら十秒おいてもう一度鳴ることになっていた。

それが一九三三年一二月二三日市役所のサイレンが鳴った。人々が息を飲む中二度目も鳴ったのである。興奮するおとなの中で私もバンザイを叫んでいた。

間もなく「皇太子さまお生まれなった」と「昭和の子ども」が表裏になったレコードが売り出された。

あちこちで奉祝行事がおこなわれた。私たちは、爆弾三勇士の銅像のある公会堂で、日の丸の小旗をもって、このレコードにあわせて踊りを踊った。

日の出だ　日の出だ

鳴った鳴った　ポーポー
サイレン　サイレン
ランラン　チンゴン
夜明けの鐘まで
天皇陛下お喜び
みんなみんな　かしわ手
うれしいな　母さん
皇太子さま
お生まれなった

（「皇太子さまお生まれなった」　作詞　北原白秋）

父

いまになって思うと、父が早く亡くなったお陰で私たちはいい子ども時代を過ごせたように思う。

勿論父が亡くなったことで不便はあった。第一に若干ではあるが経済的に不自由になったことであるが、もう一つ子ども心につらかったのは、父がいないというそのことであった。自分でも耐え難い淋しさに耐えているのに、旗色の悪くなったけんかの相手の言う言葉が「あなたんちお父さんいないじゃない」であった。でも涙が溢れてきて顔を上げられなかったのは始めの一、二回であった。やがて、相手の顔をじろりとみて「あなたのお父さんも死ぬよ」と言えば相手が黙ることを覚え、自分でも何かが超えられるような気がした。三つめは、これは父の死からだいぶたってからのことであるが、盧溝橋事件（一九三二年）に始まる日本の侵略戦争の中で、友人の父親で戦死する人が出てきて、晴れがましく話題になることが多くなった。私に父がいないことを知ると人は「どこで戦死なさいましたか?」ときくようになった。その人々は父が戦死でないことを知ると一様にがっかりした顔をし、天皇の為に父を失った人にちやほやした。どの子にとっても父親はかけがえのないものなのにむげにいわれるととても情けなく戦争や天皇を怨んだが、一方どこかで補いをしなければならないような負担も感じた。

等々、父親がいないということで世間的な不自由さはさまざまあったが、幼い時から家の経済にも口出しできたし、何事も母と兄妹が対等に話しあってきめてきた。

小学生の頃、友だちの家に遊びに行くと、どこのうちにも火鉢のそばに、何もしない男が一人ずついて「お茶」とか「新聞」とかいうのがふしぎだった。それに女、子どもが「ハーイ」と返事をするのがもっとふしぎであった。私は「うちにはあんなのがいなくてよかった」と思ったものである。遊びに行くのが多くは日曜であること、すなわちそれ以外の日は、その男が稼ぎ、それで家族を養っていることを知っても思いはかわらなかった。

しかしよく考えると一度ではあるが家でも経験があった。

父は生きていても、それ程父権をふりまわす人ではなかったと思うが、それでもある夜、家で宴会があった時、座敷から「おい」と酒の燗を催促する声がした。私にとっては初めてきく言葉であったが、家中の三人の女が同時に返事をした。それぞれ別の場所にいた祖母、母、お手伝いさんであった。

そのことがあってから幼い私は、母が座敷を離れている間、座敷と台所の間を往来して父が大声を出さなくていいよう気を配ったものである。父もやはり当時の日本の男のありようを生きた人であったようである。

やはり父が亡くなったお陰と言うべきであろう。

慰問文

何もとりえのない私は、小学校時代、わりあてられた戦地の兵隊さんへの慰問文や戦意昂揚のポスターをこなすことで、かろうじてクラスの中に存在し得ていた。

「満洲の兵隊さんへ

新聞で承りますと、匪賊討伐もなかなか困難とのこと……」

などすらすら書いた（のちに匪賊といわれた人に遭って愕然とするのだけれど）。

女学校の四年間も同じような調子で過ごすのだけれど、戦争が拡大するにつれ（一九四一年一二月真珠湾攻撃）、国民の戦意も昂揚された。学校やマスコミで煽れるぶん子どもはすさまじかった。私も親より教師より熱心に戦争をあとおしした。

やっと手に入れた銘仙の矢絣の着物が出来あがった時、物資節約の標語に沿って袂は短くしようというおふれがまわってきた。母は「戦争はいずれ終わるのだから縫いこんで短くみせておけばいい」といった。でも私は、おとなたちがこんなだから日本の勝ちっぷりが悪くなると思った。私はなんとしても切ると言いはり、ついに鋏で切って、その布で小物入れを作り威張って持ち歩いたものである。

もう卒業も近い頃であったが、美術の教師から「鬼畜米英」のポスターの宿題を貰った。何か奇抜なアイデアはないものかと考えながら家に帰ると、母が肉ひき器でなにやらひいていた。もう肉などあるはずもなくとうもろこしか大豆であったろう。私は「これだ！」と思った。描きあげたポスターは、憎い憎いチャーチル（英首相）とルーズベルト（米大統領）を顔だけ残して肉ひき器に入れ、下から血肉が滴り落ちる所であった。念入りに仕上げた。翌朝学校に着くや美術の教師を探した。歓声を期待してポスターを渡したのだが、彼は一べつするとまたもとのように巻いて私のほうに押し戻した。よく見て欲しいともう一度彼のほうに押したが、もう彼は私の顔もみなかった。今にして思えば、彼は、自分の意に染まぬことには最小限の協力しかしないことで自分に忠実に生きてきた人であった。それでも教師であることだけで、充分国家に忠実であることを思い知ったのであろう。

でも私はそんな教師の嘆きをよそに、そんな大人を嘆くようになっていた。

制服も日常は練成服とよぶモンペになった。力が湧いてくるようで嬉しかった。防空演習や陸軍墓地の造成に中学生とともにかり出された。女でも直接お国に立てる時がきたと、間接的ではあるが戦争の激化を喜んだ。

天皇制下では分際をわきまえることが大前提としてあるわけであるが、ひめゆり部隊の人々や私だけでなく、始めの時点では時局の到来を喜んだ者が少なからずいた。日頃抑圧された位置にいてうだつのあがらない者程、戦争のような非常時を千載一遇の機会とばかり待つのではなかろうか。私自身いまだにどこかに非常時を待つものをもっているように思う。

日本赤十字社

卒業を控えて友人達の進路がきまっていく中、なかなかきまらない私はあまりかっこの悪いこともできず、焦り迷っていた。そんなある日、新聞で日本赤十字社救護看護婦募集の広告を見た。そのとたん〝これだ〟と思った。すでに本社をはじめ「内地」の養成所は終わり最後の京城養成所の募集であった。受験して合格してからも家族は反対したが、反対されればされる程、自分のしようとしていることに値打ちがあるように思えて、私の決意は固まっていった。学校が盛大に送ってくれた。

しかし何もわかっていたわけではなかった。入所して制服といっしょに白衣がわたされた時、一瞬「ああ看護婦になるのか」「どうしよう」と思ったが、晴れがましいセレモニーが続く中、流されてしまった。気がつくと質はともかくとして大量生産されていた。人数は倍増で養成期間は三年が一年半に短縮されていた。

その教程の最初に「戦時ニアリテハ、陸海軍務ヲ幇助シ……」とあった。

日本赤十字社は、西南の役（一八七七年）に際し、傷病兵を看護するため、元老院議官佐野常民、大給恒らによって創立された「博愛社」を前身にしている。

一八八六年赤十字条約に加盟し、一八八七年から日本赤十字社と改称。創立と経営維持は昭憲皇太后（明治天皇の皇后）基金によるところが大きい。引き続き大正天皇の皇后貞明皇后もこの基金に寄付をしてきた。

戦後は昭和天皇の皇后である現皇太后（当時）の配慮により基金が維持されてきたといわれている。

一九五二年日本赤十字法により特殊法人日本赤十字社になった。

昭和天皇は軽生日に、他の社会事業団体とともに毎年基金を贈ってきた。

このように創立時から皇室と深い関係をもってきた日本赤十字社であるが、現在も皇后が名誉総裁、皇族のすべてが名誉副総裁として名を連ねている。一九九〇年度要覧は一月二〇日現在であるので載っていないが、秋篠宮夫妻も追加されるはずである。

毎年五月一日の創立記念日に行なわれる全国赤十字大会には、ほとんどの皇族が参加する。

最近、日本赤十字社といえば、災害時の援助を考えられる人が多いと思う。ためしに三省堂の『大辞林』をみても「災害、疾病の救助、予防にあたる機関」とあるが、実態はそうではない。次に示す第一期国定教科書国語にある通り戦争遂行の為に必要な機関である。だからこそ天皇・皇后が維持に懸命になってきたのである。

私が日本赤十字社救護看護婦養成所に行ったのは、それが女が行ける陸海軍に最も近い位置、というより陸海軍と一体であったからである。敵、味方の区別なくというが、日本軍に付随して動くのだから区別はあきらかである。区別した上でなら敵を助けることも確かにあった。

第九　赤十字社

軍人ガ、戦場ニテ、戦フトキハ、家ヲ忘レ、身ヲ忘レテ、タダ、「国ノタメニ、ツクサン。」ト思フノミナリ。コノ心ハ、ミカタト敵トニヨリテ、カハリアルコトナケレバ、傷ヲウケタルモノ、マタハ、病ニカカリタルモノアルトキ、敵、ミカタノサベツナク、コレヲ助ケ救フコトハ、博愛ノ、モットモ、大ナルモノナリ。

サレバ、世界ノ開ケタル国国ハ、不幸ニシテ、ソノ間ニ、戦オコルコトアリトモ、戦場ニテ、傷ヲ受ケタルモノ、マタハ、病ニカカレルモノハ、タガヒニ、助ケ救フベキ約束ヲトリカハシ、オノオノ、赤十字社トイフ組合ヲマウケタリ。

赤十字社ハ、ミナ、白地ニ、赤キ、十ノ字ノ形ヲアラワセルモノヲシルシトス。ワガ国ノ赤十字社ハ日本赤十字社トイフ。上ハ天皇、皇后、両陛下ノ御保護ヲアフギ、下ハ博愛ナル人人ノ賛成ニヨリテ、デキタルモノナリ。日本赤十字社ガ、明治二十七八年戦役ト明治三十三年清国事変トニ、大イニ博愛ノ行ヲナシタルハ、人ノ、ヨク、知レルコトナリ。

（国定一期一九〇四年（明37）～一九〇九年（明42）尋常小学読本　巻八　第九）

注　当時の小学校は四年制。巻八は四年生後期用。地の文の文字は二年生からはひらがなが主であるが、説明文にはカタカナが用いられている。表記も今と違い、句読点のところの一字あけもない。

「日本赤十字社現勢」をみると、看護婦の養成が、重要な事業であることがわかる。

いまの看護婦にも正看と准看があるが、当時の日赤の救護看護婦養成課程には、甲種と乙種があり、甲種は高等女学校卒で養成期間は三年間、乙種は高等小学校卒で二年間で、厳然たる差別があった。乙種の中にも優秀な人がたくさんいたが、乙種は乙種であり、卒業後の待遇も明らかに違っていた。

また、そこには、それぞれのクラスの中に数名ずつ朝鮮半島出身の人がいた。――そこは

資料

日本赤十字社現勢

名誉総裁　皇后陛下
名誉副総裁　皇太子殿下
常陸宮殿下　同妃殿下
秩父宮妃殿下
高松宮妃殿下
三笠宮殿下　同妃殿下
寛仁親王妃殿下
高円宮妃殿下
名誉社長　島津忠承　林敬三
役員
社長　山本正淑
副社長　斎藤英四郎　小池欣一
理事　61人(常任理事12人)
監事　3人
代議員……223人
社員｛個人……17,271,630人／法人……336,863法人｝
青少年赤十字｛加盟校……7,743校／メンバー……2,128,374人｝
赤十字奉仕団｛団……3,619団／団員……4,579,693人｝

養成
看護婦養成施設……39施設
(本社直轄1施設、日本赤十字学園3施設を含む)
看護婦養成者数……77,483人(累計)
助産婦養成施設……3施設
(本社直轄1施設、日本赤十字学園専攻科1を含む)
助産婦養成者数……4,678人(累計)
幹部看護婦養成施設……1施設
幹部看護婦養成者数……2,327人(累計)
救急法｛指導員……3,900人(現任)　19,638人(養成累計)／救急員……172,622人(現任)　852,810人(養成累計)｝
水上安全法｛指導員……1,986人(現任)　7,089人(養成累計)／救助員……30,665人(現任)　193,386人(養成累計)｝
家庭看護法｛教師……333人(現任)　1,132人(養成累計)｝
蘇生法｛指導員……237人(現任)／普通科合格者・5,572人(現任)｝

医療
病院……91病院
産院……1産院
分院……2分院
肢体不自由児施設……4施設
診療所……3ヵ所
老人保健施設……1施設
病床総数……39,294床
〔(注1) 患者延数(昭和63年度)
外来　20,547,629人(一日平均)69,653人
入院　12,157,776人(一日平均)33,309人
(注2) 病床総数及び患者延数には、肢体不自由児施設及び診療所の分を含む。(人間ドック取扱者は除く)〕

血液
血液センター(付属センター13ヵ所を含む)……77センター
血漿分画センター……1センター
採血出張所(献血ルーム53ヵ所を含む)……114ヵ所
移動採血車……351台
献血運搬車……637台
〔(注3) 採血本数(昭和63年度)……7,986,848本
供給本数(昭和63年度)……15,207,783本〕

救護・援護
常備救護班……458班
常備救護班要員……7,123人
現地医療班……284班
現地医療班要員……810人
無線基地局……93局
無線移動局……1,453局
救急車……132台
災害救援車……209台
テント……6,174張
患者用毛布……20,717枚
赤十字飛行隊(民間協力)……126機
ベトナム難民収容施設……4施設

社会福祉
乳児院……8施設
保育所……3施設
養護施設……1施設
虚弱児施設……1施設
特別養護老人ホーム……4施設
肢体不自由児施設(医療分再掲)……4施設
身体障害者療護施設……1施設
補装具製作施設……1施設
視覚障害者福祉センター……1施設
聴覚障害者福祉センター……1施設
点字図書館……1施設
計……26施設

職員
本社……172人
支部……636人
医療施設……36,980人
うち｛医師……3,581人／看護婦……18,342人｝
血液センター……5,369人
うち｛医師……81人／看護婦……1,353人｝
社会福祉施設……543人
総計……43,700人
〔(注4) 医療施設には、肢体不自由児施設4施設分の職員375人を含む。〕

(平成2年1月20日現在
但し、統計数値については平成元年4月1日現在)

注＝平成2年4月1日に浦河赤十字看護専門学校が開校します。

資料

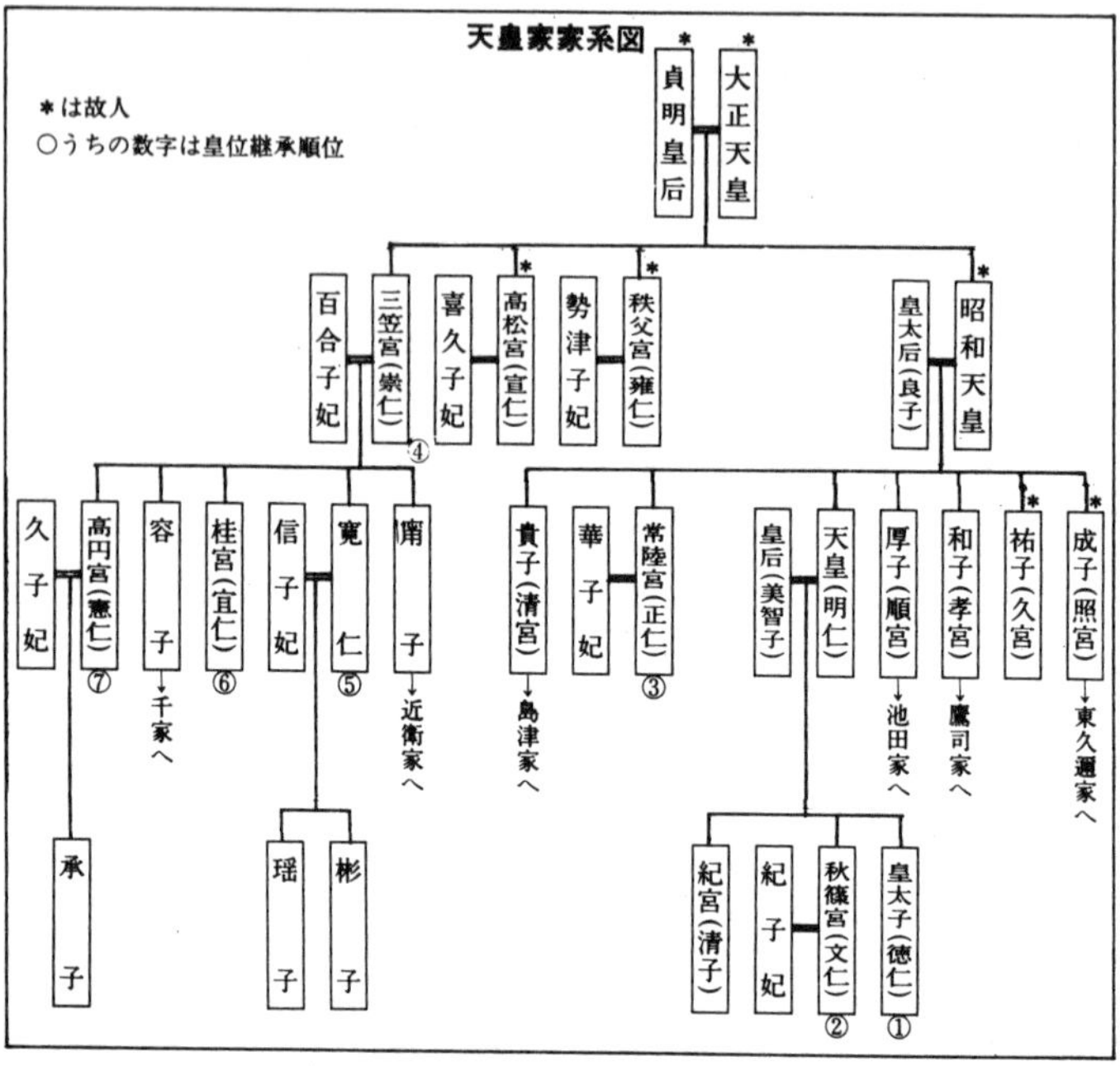

京城なのだからいて「当然」であろうが、選ばれた人がいたという感じであった。

一日は朝礼の「我等ハ皇国臣民ナリ」で始まる皇国臣民の誓詞で始まった。私はいまでもその一人一人のイントネーションを覚えている。彼女達はどんなふうにして選んだのであろうか。よりよく日本人になろうと志したのであろうか。それは表面的な形の上では私の出身校などと比較にならない程名誉なことであったろう。それだけに、解放後は苦労もあったのではなかろうか。

私は一九四四年九月京城の養成所を卒業した。同期生のほとんどは南方へ行ったが、私は欠員補充の為、

資料

皇室の法人所属

皇后　美智子	日本赤十字社名誉総裁
皇太子　徳仁	日本赤十字社名誉副総裁
秋篠宮文仁	山際鳥類研究所総裁、世界野性生物基金日本委員会（WWFJ）総裁
秋篠宮妃紀子	いずれ日本赤十字社名誉副総裁になるだろう。
紀宮清子	
常陸宮正仁	日本鳥類保護連盟総裁、日本肢体不自由児協会総裁、発明協会総裁、日本丁抹協会総裁、大日本蚕糸会総裁、日本美術協会総裁、日本障害者リハビリテーション協会総裁、日本瑞典協会名誉総裁、日本ベルギー協会名誉総裁、日本赤十字社名誉副総裁
常陸宮妃華子	日本赤十字社名誉副総裁、日本動物福祉協会名誉総裁
秩父宮妃勢津子	結核予防会総裁、日英協会名誉総裁、交通遺児育英会名誉総裁、日本赤十字社名誉副総裁
高松宮妃喜久子	藤楓協会総裁、恩賜財団済生会総裁、日仏協会総裁、日仏会館総裁、東京慈恵会名誉総裁、東京いけ花芸術協会名誉総裁、高松宮妃癌研究基金名誉総裁、日本工芸会名誉総裁、日本赤十字社名誉副総裁
三笠宮崇仁	日本レクリエーション協会総裁、中近東文化センター協会総裁、日本スリランカ協会名誉総裁、日本ワックスマン財団名誉総裁、日蘭協会名誉総裁、日本オリエント学会名誉会長、出版文化国際交流会名誉会長、日本赤十字社名誉副総裁
三笠宮妃百合子	恩賜財団母子愛育会総裁、民族衣装文化普及会総裁、日本赤十字社名誉副総裁
三笠宮寛仁	日本学生氷上競技連盟総裁、友愛十字会総裁、新技術開発財団総裁、日英協会名誉総裁、日本ノルウェー協会名誉総裁
三笠宮寛仁親王妃信子	日本赤十字社名誉副総裁
桂宮宜仁	日豪協会総裁、日本ニュージーランド協会総裁、大日本農会総裁、大日本山林会総裁、日本漆工協会総裁、日本工芸協会総裁
高円宮憲仁	日加協会名誉総裁、日本サッカー協会名誉総裁、日本学生協会基金名誉総裁、国際教育振興賛助会名誉会長
高円宮妃久子	日本学生協会基金名誉総裁、日本赤十字社名誉副総裁

一見して日本赤十字社を筆頭に福祉的な名のものが多い。国際交流に関係したもの、そして伝統文化・産業にかかわるものである。日本を代表する教養人、恵まれない人に心を配る皇族を印象づけようとしている。その上それぞれかなりの収入を伴うものである。

しかし、彼らは名誉は担っても負の責任は負わない。一九九〇年四月高円宮が総裁をつとめる社団法人「邦楽普及振興協会」が巨額の不渡り手形を出して事実上「倒産」した問題では、直ちに臨時理事会を粥き、「高円宮に御迷惑がかかってはいけないので、総裁の推載を辞退する」ことをきめた。これに対して高円宮は何の意志表明もせずこれに従った。

同協会のパンフは最初のページに高円宮の写真を掲げ、役員名簿の最上位には一きわ大きな活字で「総裁高円宮兼仁親王殿下」とうたっているにもかかわらずである。また邦楽会館建設協力要請書には建物の名前を「高円宮記念文化会館」としている程である。このようなことを総裁として認めてきたなら協会の危機にこそ力を発揮すべきであろうに。

当時満州と呼んでいた中国東北の鉄嶺陸軍病院に行った。

敗戦直前には関東軍の身勝手さをつぶさに見た。

八月一五日は一晩中こわれるものはこわし、燃える物を燃した。そうするしかなかった。

看護婦どころか人にあるまじきこともした。ソ連軍による武装解除もみた。四平における国民政府軍と共産軍の市街戦もみた。

なりゆきで一人八路軍（共産軍）と一年間行動を共にした。私が行かなければ誰かが行かなければならなかった。ほとんどが行軍であった。それも鉄道から遠く離れた西の方の砂地や湿地を。私はそこで三つのことを学んだ。一つは皮靴より布靴が歩きやすいこと。破れればまた縫えばいいこと。皮靴を捨てるとき、自分が脱皮するような思いをした。たしかにここで私は生まれかわっている。二つめはマイナス二〇度でも太陽が出ていれば日向ぼっこが出来ること。三つめは、饑餓感というのは必ずしも量の不足からだけくるものではない。かなり少なくても公平に分配されれば満腹はしなくても飢餓感はそれ程湧かないということであった。

一九四六年九月昂々渓で初めて列車を見た。列車で哈尔浜《ハルピン》に行った。そこに日本人がまだいることを知って、私は八路軍を離脱した。いってみれば脱走であるが、みんな見ぬふりをしてくれた。身近な友人にだけ「ちょっとだけ日本をみてくるからね」といった。（ちょっとみてくるからがもう四五年にもなる。）

哈尓浜から、在留日本人といっしょに二ケ月かかって日本に引き揚げた。その苦労は語るまい。自分がそこにいたことが間違いなのだから苦労は当然である。

日本に帰ってから、養成所入所以来の五年間を抹殺しようとして生きてきた。日本赤十字社や鉄嶺陸軍病院関係者とはほとんど交際を絶ってきた。――こちらでは消息不明にしているつもりだが、どこでどう調べたか、日本赤十字社創立百周年記念の時に記念品が送られてきた。

資料

百周年を迎えた都支部　赤十字大会盛大に

東京都支部創立百周年記念赤十字大全は国立劇場に常陸宮妃殿下をお迎えし、1,600名が参加して盛大に開催された（10月23日。赤十字活動に功労のあった方々の表彰のあと体験発表、歌舞伎の観劇など記念大会にふさわしく多彩な内容であった。

（『THE RED CROSS』日本赤十字社東京都支部発行　一九八八年三月号より）

第24回献血運動推進全国大会　皇太子同妃両殿下を迎えて

全国より献血運動推進者約1,500人をあつめた全国大全が奈良市（7月6日）で開催された。日赤名誉副総裁皇太子同妃両殿下がご臨席のもと、功労者の表彰、体験発表、アトラクションと盛大に行なわれた。皇太子殿下からは、ここ二年ほどの献血量の低下を憂慮され、関係者への励ましのおことばがあった。
昭和39年の「閣議決定」によって献血一本化はスタートしたが四半世紀を迎えたいまが変換期にある。

（同一九八八年九月号より）

全国赤十字大会開く　皇后陛下をお迎えして

平成元年の全国赤十字大会が渋谷・明治神宮会館（5／31）で開催された。当日は今年1月に名誉総裁にご就任いただいた皇后陛下をはじめ、三笠宮妃殿下、寛仁親王殿下、高円宮妃殿下をお迎えして盛大に行なわれ、事業に功労のあった方々が表彰された。

皇太子殿下名誉副総裁に

名誉副総裁に皇太子徳仁親王殿下のご推戴をお願いしていたところ、4月1日付で宮内庁よりご就任のご承知をいただきました。

（同一九八九年一〇月号より）

教師

そしてこれもめざしたわけでなくなりゆきで一九五〇年教師になった。どういいわけしたところで教師は教師、特に日本の教師は、多かれ少なかれ墨ぬり教師と同様、時の権力の意図を伝達する機能を持つ。迷いながら三六年も続けた。教師経験一五年のころ、少しでもましな教師になりたくて国内留学で特殊教育を学んだ。そして普通の教師より一枚余分の免許状を持って特殊学級担任になった。

ところが、遅れた子どもの為にていねいな教育をしようと抱負をもって赴任した私を迎えてくれた子どもは、開口一番「先生も普通学級落第してきたの」と言った。とっさに何を言われているかわからないでぼんやりしていた私に、今度は肩を叩いて言ってくれた。「先生なら大丈夫だよ、がんばってもう一度試験受けて普通に戻りな」と。漸くわかった。遅れた子の為に用意したこの場所、ここにきているこの子たちがほんとうは来たくなかったということが。私はその日のうちに決心した。〝なるべくいれない、なるべく戻そう、そして最後に残った一番遅れた子を私が連れて普通学級に行けばいいのだ〟と。しかし二〇年かかってもそれをはたすことはできなかった。特殊学級をつくれば、入るべき子ははてしなく作られる。利用する人もでてくる。悪戦苦闘の二〇年だったが、幾人かの子どもたちは、人々からはちえ遅れと言われながら、自分の受けている差別を直視し、怒りを生きるバネに、社会に出ていった。

〝子どもを分けてはいけない〟人が人を分けるなど不遜なことである。いまあちこちで共に生きるとか共に学ぶとかいう言葉がきかれるが、共生とか統合は分けたところからの発想である。そんな必要のない、初めから分けないことをめざすべきである。

二十数年前、分けるべきでないと言い出した時、私は孤立無援であった。悪戦苦闘の相手の多くは、献身的に障害者の為に尽くしていると思いこんでいる専門家たちであった。「そうだ、そうだ」と最初に言ってくれたのは、大学闘争を経てきた新採用の教師と障害者自身であった。

おのれの仕事を問いなおし、ふりわけを拒む専門家たちに出会うのはそのあとであった。

日常のなかの差別──〝障害者は価値を下げる〟

私は中学校を退職する前の一〇年ばかり、水曜の夜と土曜の午後、教室を開放して勉強会をしていた。──自主的な所に変な名であるが、できない人ほど勉強ができるようになりたがっているし、やってくる子どもたちがつけた名である。

来る人はさまざまであった。初めは特殊学級を卒業はしたもののもう少し勉強したいという人が主であったが、友達をつれて来たり、またその友達が来たりした。土曜の午後は定時制高校に通っている人が多かった。

数えてみると、実に百数十名に及ぶ人がここで学んだり、通過していったりした。

学校ではいじめられ、家で暴力をふるう子の母親は「私が一息つけるのはあの子が勉強会に行っている時だけです」と言うのだけれど、その子は勉強会で、やられた通りを弱い子にやった。

勉強会にはたくさんの教師が参加してくれた。教師ではないが、子どもたちに伝えたいというものを持っている市民も参加してくれた。私は勉強会の意味を、そんなおとなと子どもたちがとりあえずは、世の中の（とくに学校の）シンドさを共有し、やがて解放される方法を自分の流儀でみつける。そんなきっかけを得る場になればと思っていたが、もう一つ、地域にありながら塀をめぐらし門を閉めてしまう学校という所の、ほんの一部であり、しかも限られた時間ではあるけれども誰でも自由に出はいりできる所にしておくことも意味があると思っていた。そこは冬は暖かく、夜は電燈がつき、さらに読みたい本も欲しい資料もたくさんあった。

しかし、私は、そこを障害を持っていたり遅れている為にシンドい思いをしている人達の居場所にするつもりはなかった。自分の流儀を自分でつかんで、あとはそれぞれの場で自分でやって欲しいと思っていた。事実、こんなことなら自分でできる、ここへこなくてもできると通過していった人もいた。学校の重圧から解放されて安心して休めるようになった人もいた。

ところが、時がたつにつれ、人伝えに伝えきいて、あちこちから、学校にいっていない人や、学校で苦労している人が、その日を日課としてやってくるようになった。

私はかねがね〝いい所つくりはともかく、いい所さがしはやめよう〟と言ってきた。いい所というのは、絶えず幅広い運動のある所である。すなわち探す所でなく、創り出すものである。

シンドさからのがれようと、いい所さがしをしてやってくる人たちをみると、みんなそこで一息つくのだから、私のしていることはたかが限られた数時間だけをつきあうささいなことでありながら、こんなに必要なのだから、こんなに喜ぶ人があるのだからと、人助けでもしているような錯覚を覚えることもあったが、実は、その人たちの自立――いい所づくりを妨げているのであった。勉強会にきて安堵する時がふえる程、地域の学校へのつきつけなど自分の地域に対するとりくみがおろそかになる人もいた。それはいままで受けた傷の大きさのせいであって、けっして障害をもつ人や親のせいではないのだけれど、その為に、人を傷つけて気がつかない人や、人を排除して清々している人を許すわけにはいかなかった。

「ここに来る日が週に二日あるということで、その準備をしたり、あとしまつをしたりで一週間が過ごせるのです」などという母親の言葉にためらいはしたが、そのようなわけで、私の退職を機に勉強会をやめた。――公立学校の開放ということから言えば、退職してからこそやるべきだと思ったが。

それから一年、私はその学区域に住んでいるので、近所のバァちゃんとして過ごしたが、自閉的傾向といわれ学校ではとりあって貰えないが高校をめざす人、定員内であったので定時制に入れたが宿題をもてあます人、昼間の時間をもてあます人などが一人二人と集まってくるようになった。やむを得ず水曜日を当てることにし、協力してくれる元教師たちもいて事実上勉強会が再開された。

前おきが長くなってしまったが、これからが問題である。

それまでもマンションの九階にある私の部屋は、近所の子どもたちから「シンちゃんの行く家だ」とマークされていた。それを私は日頃障害者と接することがないよう分けられた子どもレベルでの無知からくることだと思っていた。だから、あからさまにそんなことをいう子はできるだけ呼びこみ「シンちゃん」といわれる人と出会わせるようにした。子どもたちは、

「どうして中学生なのに字が書けないのか」

「I君はどうして話ができないのに自転車に乗れるのか」

そして、

「S君は一たす一ができるのか」

など、聞きたいこと知りたいことをたくさん持っていた。しかし、それはそれ程深刻なものではなかった。

「ちょっと遅いけど、書きたくなったら書くと思うよ」

「自転車も乗れなきゃいいと思っているわけじゃないでしょう。すきなことから先にしてもいいと思うよ」

「できないかもよ。でも君たちはできて貰いたくて聞くんでしょ。だったら、ずーっと『一たす一は二です』って言っててごらん。きっと覚えるよ。そしたら今度『一たす二は三です』とか言えばいいでしょ」

などと言うと大体納得した。そして直接話したりするうち、それぞれ「なおちゃん」であり「ひで君」だなあという関係もできていった。

私は家での勉強会再開を機にこのような関係は一層進むだろうと思った。〝障害者にやさしいマンション〟を拒む人はいないと思いこんでいた。

ところがそのころから急に管理人を通して苦情が舞い込むようになった。

「公園で遊んでいた幼い娘に砂をかけた子がいる。きっとお宅にくる子でしょう」

「買ったばかりのオートバイにおしっこをかけた子がいる。きっとお宅に来る子です」

等々である。直接話しあいたいと思っても絶対に名のらない。しかも、らしいとかちがいないがつくのだから閉口である。

そのうち、私が水曜日を公表したわけではないのに、水曜の勉強会が終わると、管理人から「見ていた人がいるのですが」という言い出しで、背の高い人が大きい声で「コンニチハ」と言ったので小さい子どもが驚いて泣いたとか、ウチの車をさわったとか、ふとった人がエレベーターの中でおしっこをしたとか様々の苦情がくるようになった。どうやら私の所に障害者が来るのを快く思わない人（あるいは人々）が、多く集まるのが水曜と気づき、水曜になると見張りをしているらしい。わずか百数十世帯のマンションであるが、それが誰だかわからない。管理人は言わないことで勤まっている。

それでいて、直接顔をあわせる人はどの人も「よく御世話なさいますねえ」「もう卒業して何年もたつ方でしょう」とか、さも感心したように言うのだからかなわない。こちらは御世話しなくてよくなるようつきあっているのだ。

私はその都度、気がついたら直接本人に注意してほしい。せめて私を呼んでほしい。こうつきあってほしい。といい続けてきたが、管理人以外に直接声をかける人はあらわれなかった。肢体不自由のH君を運ぶ母親の車に対するいやがらせも執拗に続いた。

それでも一九八七年三月から二年間さまざま打開の道を模索しながら続けた。中には私の留守に日を間違えて来た人を駅まで送ってくれたり、街で出会えば声をかけあう程親しくなった人もいたが、総体として状況は変わらなかった。

その頃、南晴病院長の山本理平さんから会場を提供してくださるという話があった。この中途半端な関係のまま場所を移すということには惜しい気もしたし、若干の敗北感も伴ったが、何せ参加者が毎回十数名にふえそれに同伴者がいたりして二〇名近くなることが多く、狭い私の部屋では身動きも困難であったので、この申し出を有難く受けた。

そこは京急蒲田駅前の蒲田環境会議という場所であった。

先年地域の日照等環境を破壊する高層マンション建設に当たって山本理平さんは先頭に立って反対された。建設そのものを断念させることはできなかったが、二層程低くすることができた。さらに地域の環境問題を考える場所として一階に確保されたのが蒲田環境会議という場所で、山本さんの配慮により段差はなく、トイレ等も障害者にも使いよくできている。「山本さんはいつお医者さんやっていますか」と時々私は冗談を言う。それくらい環境問題をはじめさまざまな市民運動にかかわっておられる。もちろん病院長としての仕事もきちんとしておられ、特に精神病院である南晴病院を開放の方向で運営しておられる。

一九八九年から一九九〇年にかけて、勉強会は意気盛んであった。関係も広まった。折からの人手不足もあって、それぞれが何らかの所属を得た。残る人が数人あったが、ほとんどが遠くから日課として来る人であった。ためらうことなく、私の中国行きを機に勉強会をやめた。

勉強会を環境会議に移してから間もなくのことであったが、私のマンションでは、月・水・金に来店していた八百屋を排除するという事件があった。小型トラックでやってきて駐車場で店を開く。安くて親切で評判がよかった。住人以外の近所の人も、近くの職場に働く人もやってきて賑わっていた。

ところがこれも快く思わぬ人がいた。近隣から〝八百屋マンション〟とよばれたりして、マンションの価値が下がるというのである。

私はこの事件を経て遅まきながら一つの納得を得た。障害者も価値を下げる要因であったのだ。

しかし、マンションの住人であるMちゃんやHさんが著しく住みにくいということはないのだから、矢口養護学校反対運動と全く同じ質のことに違いない。そうみればささやかな人数であっても群れて来ることにかわりはなかったのである。何よりも価値をさげるその人たちにめざされる場所になることが迷惑であったのだろう。

そう思ってみると似たような事件は至る所にある。しかしこう露骨になるのは、公団住宅や賃貸住宅よりは、なけなしの金をはたいて獲得中という買取りマンションに多い。頼るべき唯一の物の価値を少しでも高めようと蜘蛛の糸にすがる時、当然のこととして排除はおこるだろう。

教育塔——身を立て名を挙げる

神奈川県酒匂尋常小学校訓導　杉坂タキ

一九二三年九月一日「日直トシテ勤務中、大震災ニ遭ヒ　御真影奉安所前ニテ『御真影！御真影！』ト叫ビツツ一死以テ奉護シ、猛火ニ包マレテ殉職」

教育塔誌から引用された右の文を、教育塔を考える会のパンフで見た時、私はここに書かれていることを疑わないどころか、使命感に燃えて「御真影！」「御真影！」と叫びながら、燃えさかる炎の中に飛び込んだ若い女教師を思い胸が痛んだ。それは戦中の私がひたすらそんな機会を待った体験をもつからである。幾度かそれらしい場面はあったが果たさなかった。自分で設定した最後の機会からさえも蘇り、敗戦を迎えた。

やがて、私が「命を捧げよう」と思ったものが何であったか考え始めた。流しても流しても絶えない涙の中で、いっそあの時果てておればと何度思ったことか。以来四十数年経て、もうそのあたりの思いは超え、怨みを晴らし、失ったものを取戻そうとしてきたつもりなのに、事ある毎に去来し、次第によってはこうしてぴったり焦点があってしまうのである。騙されたままなのだから怨む思いもなかろうというつもりはないし、讃えるつもりも、羨むつもりもないのだけれど、そうだろうなあと思ってしまったのである。

だから、岩本努さんの労作『御真影に殉じた教師たち』（大月書店刊）によって、これが全くの作り話で、杉坂タキは御真影などとは関係なく遭難死した（彼女は私たちより一世代前の人であり、騙されるような教育を私たちほど熱心には受けていない）ことを知った時の無念さは言葉に尽くせない（本の刊行以前に、筆者と杉坂タキの遺族をひきあわせる労を取った湯山厚さんから事件の概要を知らされながらきき流してしまったうかつさを悔いる思いも重なって）。尽くせないが、あまりの無念さに人毎に語り歩いたのだが、人々は一様に私の愚かさをわらうのみであった。しかし、私の重ねて騙された愚かさをわらう人々が、はたして今自分が騙されていることを、或は自分で自分を騙していることに気がついているであろうか。

それにしても、私はなぜそのような機会を待ったのであろうか。恐らく私だけではあるまい。戦争という非常事態が、身を立て名を挙げる絶好のチャンスだと宣伝された。そんな宣伝に抑圧されたもの、うだつのあがらない者程のりやすかったということであろうか。私についていて強いて言いわけをすれば、父権のない家族で育ったものが男社会にとまどい、男並みをめざしたところでのってしまったとでも言えようか。

そもそも冒頭に書いた教育塔であるが、一九三四年の室戸台風で教職員や児童に多数の犠牲者を出したことから、学制制定（一八七二年）以来の殉職教職員と殉難した児童・生徒を慰霊するため一九三六年一〇月三〇日に帝国教育会によって建設されたものである。建設資金の募金の開始は昭和天皇が下賜金を出したことが契機であるという。大阪城公園の中にあり、現在は右翼といわれる人たちが眼の敵にする日教組が維持、管理している。

高さ三〇メートルあまり、鉄筋コンクリートづくりであるが、外側を花崗岩で覆っている。塔の先端には青銅製の水煙がある。塔内の塔心室には合葬者の氏名を記した木札が納められている。

毎年新しい合葬者を加えて、教育勅語発布の日である一〇月三〇日に、日教組主催で教育祭がおこなわれている（最近は一〇月の第四日曜に行われている）。

最初の合葬者の中には、室戸台風の犠牲者とともに、「台湾総督府学務部員トシテ芝山巌ニ勤務中　土匪ノ蜂起スルニ遭ヒ　匪徒ノ凶刃ニカカリ殉職」した平井数馬やさきの杉坂タキなどが、日清日露等の戦争犠牲者とともに含まれていて、教育塔の性格をあきらかにしている。

教育における靖国神社

第一回教育祭で、永田帝国教育会会長が、「換言すれば教育塔は教育招魂社であり、教育祭は即ち師魂を礼讃し、師道を発揚する教育的総動員であります」と挨拶の中でのべているが、時代とともに教育塔は「教育における靖国神社」の役割を確実にはたしてきた。

敗戦にともない帝国教育会の後身の大日本教育会が解散し、その維持・管理を日教組がひきつぎ、教育祭も日教組が主催するようになった。

教育塔、教育祭は、今文部省が日教組から奪いたい唯一のものと言われている。日教組の運動は、戦前の教育を否定するところから出発したのだから、教育塔・教育祭も当然変革をとげるべきであったのだが、日教組はどさくさにまぎれてひきつぎ、教育塔の主旨も教育祭のありようも戦前を踏襲し続け、長い間内外からの批判を浴びていた。

「箕面忠魂碑違憲訴訟を支援する会」等の抗議によって、教育勅語の結句から取った塔心銘の「成一其徳（みなその徳を一にせん）」が「やすらかに」に変わり、教育祭の用語が、合祀から合祭に、祭主が主催者に、奉納音楽が追悼音楽に、祭文・頌詞が追悼の詞に、合葬された方の数え方が柱から人に変わったのは何と一九八一年からであった。

それでも教育祭は一九三六年から数えられ今年は第五四回と称され、祭の雰囲気はいぜん神道的である。――特に今年はいままで祭の現場業務を担ってきた全日本教職員協議会が分裂したため、かわって担当した、日教組の戸惑いもあって却って逆戻りの感が強かったという。

一九八八年一〇月三〇日、教育祭をみる

私は、実態をみるべく一九八八年一〇月三〇日大阪に赴き、教育祭開催中の教育塔の前に立った。会場は黒白の幕に覆われ、美しい花輪が整然と並びしわぶき一つきこえない中、遺族代表が追悼の辞をのべるところであった。授業中死亡した体育教師の妻というその人の喪服姿は、かつて英霊を迎えたけなげな軍国の妻そっくりであった。

教育祭のテーマが「殉職」を讃えるものであることは、毎年の、文部大臣や府知事をはじめ各界の人の辞でもあきらかであるが、何よりも、建設当初からのレリーフである。それは塔の正面の両側にあり、右は製作者により「静」と名づけられているそうであるが、整列した児童の前で勅語を読む校長と、その脇のオルガンの前で頭を垂れる女教師の姿がある。平常を意味しているという。左は「動」で非常時を意味している。風雨の中、児童を背負ったり手を引いたりしてかばいながら避難する男女教師の姿がある。

国の為、天皇の為に命を捧げる国民を育成する教師の理想像が、いまもこうしてあり続ける。私は祭が終わり、後かたづけが進むなか、近よって二つのレリーフがさらにはっきり理想の女教師像を示していることを見た。すなわち平時には男より一歩さがって控えているが、非常時には男に伍して勇敢に活動する姿である。この像こそが私の受けた教育の結論なのである。その像がこうして現在もあり続け讃え続けられているということは、戦争によって内外に多くの人々の血を流したにもかかわらず、日本が何等の変革も遂げなかった一つの証拠であろう。

与えられた分際

天皇制との闘いとは制度そのものへの挑戦とともに、それぞれが与えられた分際（理想像）からどう解放されるかという己自身の闘いでもある。さらには解放された面々からつきつけられるものに応え得るかという闘いであろう。

すでに一部の障害者たちは、分際を越え始めている。その立ちあがりの見事さに目をみはることがある。それをその人のこととして喜びながら我が肩にかかるのを恐れる自分をみることもある。

それでいて、まだ自分のどこかに非常時を待つ性が残っている。二度も騙される所以である。三度は騙されまいぞ。

第一章　教科書にみる天皇・障害者

あらわれてきた現代の塙保己一

中国では時々停電がある。中国に来てからのことではないが、私は停電になると、すぐ「さて、さて、目あきというものは不自由なものだ」という言葉が口をついて出る。小学校の国語教科書に載っていた塙保己一《はなわほきいち》の言葉である。盲目の塙保己一が講義をしている最中に風で灯が消える。関係なく続ける師に弟子どもが、「先生しばらくお待ちください。いま灯をつけますから」と言うのに対して発っしたことである。

あらためて教科書の効用の息の長さに驚く。停電のたびに、瞬間、ほんとうに目あきの不自由さを感じてろうそくを探すのであるから。

それまでも、年よりをあわれめとか、動物をあわれめとか、体の不自由な人をあわれめなどと教えられはしていたが、塙保己一のようにはっきりと障害者像が描かれてはいなかった。私たちは塙保己一により、障害者は努力の人であるということと、障害はあるが障害を補って余りある能力を保有しているものだという障害者観をうえつけられてしまった。この障害者観が私の場合その後障害者とつきあっていく上で長く大きな障害であったが、いまなお多くの人々を支配している障害者観である。従って、たとえば、ちえ遅れといわれる人々は、天使のような心をもっていなければならなかったり、山下清のようになることを期待されなければならない。ところがなかなか第二、第三の山下清は育たない。そこで期待に応えられない人々は、せめて辛抱強く黙って働けと強いられるのである。そうでなければ、さらなる分断・排除にあうだけである。

すなわち、天皇にあわれまれる民草は、健常者も障害者もそれぞれ分際に応じて励まなければならない。

明治以来教科書に象徴される日本の教育はそのことを唱え続けてきたわけであるが、戦争という大きな犠牲を払いながら、何等の反省を加えることもなく、いままた装いをあらたにしてあらわれつつある。

まずは、現代の塙保己一の登場であるが、新指導要領には「天皇への敬愛」が強調されている。敬愛すべき天皇も新教科書には登場するだろう。しかも、象徴天皇と言いながら神格化は「即位の礼」「大嘗祭」で実演ずみである。

もくろく

尋常小学校修身書（一九二八年）巻三

十六

テンノウ
ヘイカ
バンザイ。

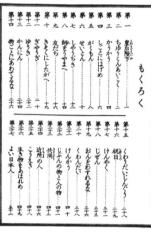

同（同）巻一

戦前・戦中の教科書にみる〝あわれみ深い天皇〟

民のため心のやすむ時ぞなき
　身は九重《ここのえ》の内にありても
国を思ふ道に二つはなかりけり
　軍《いくさ》のには《わ》に立つも立たぬも
大空にそびえて見ゆるたかねにも
　のぼればのぼる道はありけり
いず方に志してか日盛りの
　やけたる道を蟻の行くらむ
ほとぼとに心を尽くす国民の
　ちからぞやがてわが力なる

明治天皇は生涯にたくさんの和歌を作っている。『御製集』なるものも出版されている。

戦前、戦中の教科書にはそれらがふんだんに使わ

ハ　カヘツテ　ソノ　シヤウヂキナ　ノ　ヲ
ホメマシタ。
シヤウヂキ　ハ　イツシヤウ　ノ　タカラ。

十五　テンノウ　ヘイカ

テンノウ　ヘイカ　ガ　テンノウ　ニ　オナリ
アソバシタ　トキ、キユウチユウ　デ
オギシキ　ヲ　オコナハセラレマシタ。
ソノ　トキ、テンノウ　ヘイカ　ハ

ワタクシタチ　ヲ
一ソウ　シアハセ
ニ　シ　ワガ　クニ
ヲ　マスマス
サカン　ニ　シヨウ
ト　ノ　アリガタイ
オコトバ　ヲ　タマ
ハリマシタ。

同（同）巻二

れていた。

ここに記したのはその中から無作為に選んだものである。最初の歌、他にも類似のものがたくさんあるが、自分はここのえの中にあって、民のことが心配で心休まる時がないという。何とあわれみ深い方と思うべきであろうが、他の歌をみれば、何を心配しているのかがよくわかる。それぞれの場で最善を尽くせといい、なせばなると叱咤激励し、炎天下の蟻の行列を見習えと諭す。すなわち国民が天皇の為にがんばるかどうかが心配なのである。そしてあつかましくも、そのような一人一人のがんばりが、大日本帝国天皇である自分の力になるというのである。全く教育勅語の「爾《なんじ》臣民父母ニ孝ニ兄弟ニ友ニ夫婦相和シ朋友相信ジ恭倹己レヲ持シ博愛衆ニ及ホシ学ヲ修メ業ヲ習ヒ……一旦緩急アレハ義勇公ニ奉ジ」と同じ論理である。すなわち、兄弟仲良くとか夫婦睦まじくとか学問を修め業務を習いなどプライ

第一　皇后陛下《くわうごうへいか》

皇后陛下はお小さい時からきまりよくあらせられました。おもちひの御しなは大せつにおとりあつかひになり、ごじしんでごせいとんになりました。また御學問《がくもん》や御うんどうなどの日々の御きまりはたゞしくおまもりになりました。陛下はまた大そうおやさしくあらせられ、人々をおあはれみになりました。大正十二年にくわんとうに大ぢしんがあつた時ごじしんでたくさんの着物《きもの》をおぬひになつて、こまつてゐる人たちにたまはりました。

第二　ちゆうくんあいこく

めいぢ十年に熊本《くまもと》のしろがぞくぐんにかこまれました。しろをまもつてゐた谷少将《たにせうしやう》は、し

同（同）巻三

ベートな問題にまであれこれ指図をするのは、それが、国家に何か事変が起こった時一身を捧げるためだからである。

全く図々しいことであるが、当時はただ有難く覚えたものである。

これは一九一三年および一九二八年発行の小学校修身教科書の一部である。そもそも戦前・戦中の教科書、特に修身は、それぞれの課が教育勅語の徳目をこなすようなものであるが、直接忠誠を指示するものや、天皇や皇族がどんなにあわれみ深いかを書いたものも少なくない。そこにはくり返し、天皇制下の日本に生まれたことがどんなに有難いことかが書かれているが、明治天皇が詠んでいるように「国民の力ぞやがてわが力なる」のだから、有難いのは天皇自身である。災難にかかったものは立ち直らせ、目を患った者は治しておくほうがいざという時力に

第一　明治《めいぢ》天皇

明治天皇は常に人民《じんみん》を子のやうにおいつくしみになり、之と苦《く》樂《らく》をともにあそばされました。
明治十一年天皇は北《ほく》國《こく》御巡幸《ごじゆんかう》の時、新潟縣《にひがたけん》で目のわるいものが

多いのをごらんあそばされて、それをなほすために御てもと金を下されました。又天皇はおぢしんこうずゐくわじなどのさいなんにかかつた人民を度々おすくひになりました。
明治二十三年愛知《あいち》縣で大えんしふのあつた時、天皇はは

なる。敬われた上力になるのだからまさに一挙両得である。万一全快せず、直接の力にはならなくても、分際をわきまえる制度を支える力にはなる。
　分際をわきまえた障害者がしばしば皇族に見舞われ、あわれまれる所以である。
　現在、教科書にこんな形の記述は見当たらない。しかし情況としては連綿と続いているし、教科書以外の出版物にはふんだんに掲載されている。いつ教科書に載ってもふしぎでないところにきている。

資料　國體の本義解説大成（抜粋）

孫田秀春・原房孝　共著
一九四〇年大明堂書店発行

愛　民

【原文】

天皇の億兆に限りなき愛撫を垂れさせ給ふ御事蹟は、國史を通じて常にうかがはれる。畏くも天皇は、臣民を「おほみたから」とし、

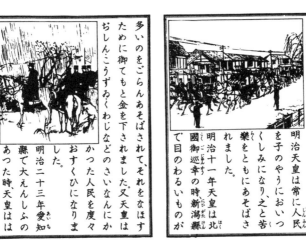

げしい雨のふるなかで、へいしと同じやうに御づきんをもめされず、御統監《とうかん》になりました。
明治二十七八年のいくさの時、天皇は大本營《だいほんえい》を廣島《ひろしま》へ御進めになりましたが、大本營はしつそなせいやうづくりて、その一間《ま》が御座所《ござしよ》てございました。天皇はこの御間にばかりし

同（同）巻四

第二課　皇太后陛下

皇太后陛下の御仁德《じんとく》はのべつくすべくもあらざれども、皇后にましませし御時の御事蹟《じせき》中二三を記し奉るべし。
陛下は教育《けういく》の事に深く御心を用ひさせ給ひ、かつて東京女子師範《しはん》學校に

みがかずば玉も鏡もなにかせん
まなびの道もかくこそありけれ

といふ御歌を賜《たま》ひ、又華族《くわぞく》女學校を建てさせ給ひて「金剛石《こんがうせき》」「水は器《うつは》」の御歌を賜へり。

赤子と思召されて愛護し給ひ、その協翼に倚藉して皇猷を恢弘せんと思召されるのである。この大御心を以て歴代の天皇は、臣民の慶福のために御心を注がせ給ひ、ひとり正しきを勸め給ふのみならず、悪しく枉れるものを慈しみ改めしめられるのである。

〔要旨〕　本文は、歴代天皇が蒼生を愛撫したまひし御事について述べてゐる。

〔語義〕　〔億兆《おくてう》〕　億兆は數の多いことで、衆多の人民といふ意味。兆民、萬民、百姓などいふに同じ。〔愛撫《あいぶ》〕　愛護撫養。〔おほみたから〕　大御寶の意。元元、人民、萬民、百姓と書き、いづれも「おほみたから」と訓んでゐる。〔赤子《せきし》〕　子といふ意であつて、天皇は親心を以て萬民を撫育慈養せられるところから、陛下の赤子ともいつてをる。〔協翼《きょうよく》〕　力を協せ、たすけること。協力輔翼。〔倚《い》藉《しゃ》〕　たよること。〔皇猷《くわいう》〕　天皇の大いなるはかりごと。〔恢弘《くわいこう》〕　ひろめること。〔慶福〕　よろこび、幸福。〔枉《まが》れるもの〕　正しからざるもの、あやまれるも

陛下は我が國の産業にも御心をとどめさせ給ひ、或は宮中にて蠶を養ひ給ひ、或は博覧會・共進《きようしん》會などにしばしば行啓《ぎやうけい》あらせられたり。又赤十字社事業の發達を望ませ給ひて日本赤十字社總會にはつねに行啓あらせられき。

明治二十七八年戦役の時、陛下ははるばる廣島陸軍豫備病院《よびびやうゐん》に行啓あらせられて、戰地よりかへりたる傷病兵を慰め給へり。明治三十七八年戰役の時にも出征《しゆつせい》軍人の身の上を思ひやり給ひて御手づから繃帯《ほうたい》を造りて下し賜ひ、又傷病者を病院に御慰問《ゐもん》あらせられたり。其の御仁德の高きは國民のひとしくあふぎ奉る所なり。

第三課　忠君愛國（其の一）

昔元《げん》の兵我が國に攻めよせたることありき。此の時九州の海岸を守りゐたる勇士の中に河野通有《かうのみちあり》

同（一九一三年）巻五

の。

【原文】

歴代の天皇が蒼生を愛養して、その衣食を豊かにし、その災害を除き、ひたすら民を安ずるを以て、天業恢弘の要務となし給うたことは更めて説くまでもない。垂仁天皇は多くの池溝を開き、農事を勧め、以て百姓《おおみたから》を富寛ならしめ給うた。又百姓の安養を御軫念遊ばされた仁徳天皇の御仁慈は、國民の普く語り傳へて頌へ奉るところである。雄略天皇の御遺詔には、

筋力精神《かたちこゝろたましひ》、一時《もろとも》に勞竭《いたつ》きぬ。此の如きの事、本より身の爲のみに非ず。たゞ百姓《おおみたから》を安養《やすく》せむと欲するのみ。

と仰せられ、又醍醐天皇が寒夜に御衣をぬがせられて民の身の上を想はせ給うた御事蹟の如き、後醍醐天皇が天下の饑饉を聞召して、「朕不徳あらば天子一人を罪すべし。黎民何の咎有てか此災に遭ふ」と仰せられて、朝餉《あさがれひ》の供御《くご》を止められて飢人窮民に施行し給ひ、後奈良天皇が疫病流行のため民の死するもの多きをいたく御軫念あらせられた御事蹟の如き、我等臣民の斉しく感泣し奉るところである。

〔**要旨**〕 本文は、垂仁天皇より後奈良天皇までの御事蹟を本として、歴代の天皇が蒼生を愛養し天業恢弘を要務となし給うたことにつき述べてゐる。

〔**語義**〕 〔愛養《あいよう》〕 愛撫慈養。〔要務《えうむ》〕 大切な務。〔富寛《ふくわん》〕 日本書紀では、「とみゆたか」また「ゆたか」とよんでゐる。〔安養《あんよう》〕 生活が安泰によく治まること。〔御《ご》軫念《しんねん》〕 叡慮をなやましたまふこと。〔頌《たゝ》へ〕 感激して喜びつたへること。〔御衣《おんぞ》〕 天皇の御服。〔黎民《れいみん》〕 人民の意。おほみたからともよませてゐる。〔朝餉《あさがれひ》の供御《くご》〕 朝餉は天皇の朝の御食事。供御は天皇の御膳部の意。〔飢人窮民《きじんきゅうみん》〕 飢饉になやむ人民、困窮してゐる人民。〔施行《しかう》〕 ほどこすこと。

【**解説**】

〔垂仁天皇〕 日本書紀巻六に曰く、

卅五年秋九月、五十瓊敷命を河内國に遣して、高石池《たかしのいけ》、茅渟池を作らしむ。冬十月、倭の狭城池《さきのいけ》及び迹見池を作る。是の歳、諸國に令して多《さわ》に池溝を開《ほ》らしむること、數八百あまり。農《なりはひ》を以つて事《わざ》と爲す。是に因りて百姓富寛《おほみたからとみゆたか》にして、天下大いに平かなり。

〔仁徳天皇〕 日本書紀巻十一に曰く、

四年春二月己未朔甲子、群臣に詔して曰く、「朕高臺《われたかどの》に登りて以て遠く望むに、烟《けぶり》氣域中《くにのうち》に起たず。以爲《おも》ふに、百姓既に貧しくて、家に炊《いひかし》ぐ者なきか。朕聞く、古の聖王の世には、人々詠徳《ほむる》之音《こゑ》を誦《あ》げて、家々康哉之歌《やすらかなりといふうた》あり。今朕億兆《おほむたから》に臨みて、於茲三年、頌音《ほむるこゑ》聆《きこ》えず、炊烟轉《いよゝ》疎《おろそか》なり。既ち五穀登《みの》らず、百姓窮乏《せまり》しからむを知りぬ。封畿之内《うちつくに》すら尚給《つ》がざる者あり。況や畿外諸國《とつくにぐに》をや。」とのたまふ。三月己丑朔己酉、詔して曰く、「今より以後、三載に至るまで、悉く課役《えつき》を除めて、百姓の苦を息へよ。」是の日より始めて、黼衣絓履《おほむぞおほくつ》、弊《や》れ盡きずば、更につくらず、溫飯《おほみもの》媛羹《おほみあつもの》、酸《すへ》り餒《くさ》らずば易へず、心を削《と》くし志を約《せ》めて、以て無爲《しづか》におはします。是を以て、宮垣《みかさ》崩《やぶ》るれども造らず、茅茨《かやしり》壞るれども葺かず。風雨隙に入りて、衣《おほむぞお》被《ほむふすま》を沾し、星辰壞《やれま》より漏りて、牀蓐《みゆかみましき》を露《あらわ》にせり。是の後、風雨時に順ひて、五穀豐穰なり。

三稔《みとせ》の間《ころ》へて、百姓富寛《ゆたか》なり。頌德《ほむるこゑ》既に滿ちて、炊烟亦繁し。七年夏四月辛未朔、天皇臺上《たかどの》に居まして、速く望みたまふに、烟氣《けぶり》多《さわ》に起つ。是の日、皇后に語りて曰く、「朕既に富めり、豈愁あらむや。」皇后封へて諮さく、「何をか富めりと謂《のたま》ふ。」天皇曰く、「烟氣國に滿てり、百姓自から富めるか。」皇后且《また》言さく、「宮垣《みかき》壞れて修むることを得ず、殿屋《おほの》破れて衣被《ふすま》露にうるほふ。何ぞ富めりと謂《のたま》ふや。」天皇曰く、「其れ天の君を立つることは、是れ百姓の爲なり。然ら則ち君は百姓を以て本と爲す。是を以て古の聖王は、一人も飢ゑ寒《こゞゆ》れば、顧みて身《おのれ》を責む。今百姓貧しきは則ち朕が貧しきなり。百姓富めるは則ち朕が富めるなり。未だ百姓富みて君の貧しきことあらず。」

十年冬十月、甫めて課役を科せて、以て宮室をつくる。是に於て百姓をうながされずして、老を扶け幼を携へて、材を運び簣《こ》を負ひ、日夜といはずして、力を竭して競ひ作る。是を以て未だ幾時も經ずして宮室悉に成りぬ。故に於今、聖帝《ひじりのみかど》と稱《ほ》めまをす。

〔雄略天皇の御遺詔〕　日本書紀卷十四に曰く、

（廿三年）八月庚午朔丙子、天皇疾《みやまひ》いよ〳〵おもし。百寮と辭訣《わか》れたまひて、手を握りて歔欷《なげ》きたまふ。大殿に崩れましぬ。大伴室大連と東漢掬直《やまとのみやのつかのあたひ》とに遺詔して曰く「方今區宇一家《あめのしたひとついへのごとく》、烟火萬里、百姓艾安、四夷賓服。此れ亥天意、區夏《くにのうち》を寧《やすらか》にせむと欲せり。所以に、心を小《せ》め己を勵まして日一日を愼むことは、蓋し百姓の爲の故なり。臣連伴造、毎日朝參し、國司郡司、時に隨ひて朝集《まゐうこなは》れり。何ぞ心府《こゝろきも》を罄竭《つく》して、誡勅慇懃ならざらむや。義は乃ち君臣なり、情は父小を兼ぬ。庶はくば臣連の智力、内外の歡心に藉《よ》りて、普天の下をして永く保安樂《やすから》しめむと欲ひき。謂《おも》はざりき、遘疾彌留《やまひしあつしれて》、大漸《とこつくに》に至らむことを。此れ乃ち人生の常分《つねのことわり》なり、何ぞ言《い》ひ及ふに足らむ。但し朝野の衣冠、未だ鮮麗なることを得ず、教化政刑、猶未だ善を盡さず。言を興げて此を念ふに、唯以て恨を留む。今年若干《そこら》に踰えぬ、復た夭《いのちみじかし》しとはいはず、筋力《かたち》精神《たましひ》、一時《もろとも》に勞竭《いたつ》きぬ。此の如き事、本より身の爲にするに非ず、止《た》だ百姓を安養《やすく》せむと欲ふのみ。此を致す所以は、人生《うみ》の子孫に誰か念《おもふこゝろ》を屬《つ》けざらむ。既に天下の爲には事須らく情をつくすべし。今星川王、心に悖惡《さかしま》を懷きて、行共干《このかみおとひと》を闕せり。古人言へることあり、臣を知ることは君に若くは莫し、子を知ることは父に若くは莫し。縱使《たとへ》星川志を得て、共に家國を治むるも、必ず富に戮辱《はぢ》臣連に遍く、酷毒《からきこと》民庶に流《ほどこ》しなむ。夫れ悪しき子孫は己に百姓の爲に憚らる。好き子孫はあくまで大業を負荷《たも》つに足れり。此れ朕が家の事と雖も、理隱すべからず。大連等民部廣大にして國に充盈《み》つ。皇太子、地《しな》、上嗣《そうけのきみ》にあたれり。仁孝著れ聞ゆ。其の行業《しわざ》を以《おも》ふに、朕が志を成すに堪へたり。此を以て共に天下を治めば、朕れ瞑目《かみさ》ると雖も、何ぞ復た恨むる所あらむ。

〔語句〕 ○筋力精神《かたちこゝろたましひ》。身體・精神ともにの意 ○一時《もろとも》に。いちどきに、同時に。○勞《いたつ》竭きぬ。いたつくは、心神を勞して病みわづらふこと。○身の爲のみに非ず。一身の爲のみではないとの思召である。 ○百姓《おほみたから》。人民、國民、萬民。 ○安養《やすく》せむ。安らかにせむの意。

この詔勅は第二十一代雄略天皇が、二十三年八月、御病惱重らせ給うた時、大連大伴室屋《のむろや》等を近く召して仰せられた御遺詔である。天皇は御性質が極めて英邁で、剛健のうちにまた廣い仁愛の情が湛《たゝ》へられてをつた。その晩年（その八月崩御、古事記に御年百二十四歳と傳ふ）、深く國事に御軫念あらせられた大御心が、一言一句の間に溢れてゐる。

（天皇は）斯く内治の刷新に宸襟《みこゝろ》を惱まし給うあまり、筋肉精神、一時勞《つか》れ果てたと仰せられたのである。而もそれは只管《ひたすら》、國民の安養を御思念遊ばされる大御心に出てゐる。

天皇はそれを悲しみ給ふことはなくして、深く崩御後に於ける國政の不振を御懸念あらせられたのである。この詔勅は隋書の文獻に據る所が多いが、如何にもよく雄略天皇の大御心と、當時の國情と、また歴代の聖旨とを傳へて、治國安民の洪德、誠に辱《かたじけ》ないものがある。（日本精神叢書一、歴代の詔勅）

〔醍醐天皇〕 大鏡巻八に曰く、

同じみかどと申せど、その御時に生まれあひてさふらひけるは、あやしの民のかまどまひ、やむごとなしとぞ。大小寒のころほひ、いみじう雪ふりさえたる夜は、諸國の民百姓いかにさむからむとて、御衣をこそ、よるのおとゞよりなげいだしおはしましければ、おのれらまでも、めぐみあはれびられたてまつりて侍る身と、おもたゞしうこそは、されば、その世に見給へしことは、なほ末までもいみじきこと、おばえ侍るぞ。

〔後醍醐天皇〕　元亨元年飢饉の際の御事で、太平記に左の如く見えてゐる。

元亨元年ノ夏、大旱地ヲ枯テ、甸服外百里間、空赤土ノミ有テ、青苗無、餓莩野ニ滿テ、飢人地ニ倒ル。此年、錢三百ヲ以テ粟一斗ヲ買。君遙ニ天下ノ飢饉ヲ聞召テ、朕不徳アラバ、天予一人ヲ罪スベシ、黎民何咎有テカ此災ニ遭ルト、自帝徳天ニ背ケル事ヲ嘆キ思召テ、朝餉ノ供御ヲ止ラレテ、飢人窮民ノ施行ニ引レケルコソ難有ケレ。是モ猶萬民飢ヲ助ベキニ非ズトテ、検非達使別當ニ仰テ、當時富裕ノ輩ガ、利倍ノ爲ニ蓄積ル米穀ヲ點檢シテ、二條町ニ假屋ヲ建ラレ、檢使自斷テ、直ヲ定テ賣セラル。

〔後奈良天皇〕　疫病が流行して、萬民が多く死するに當り、御みづから經文を寫して佛に祈り、民の病苦を除かうと遊ばされた。その御宸筆には次の如く見えてゐる。

今茲《コノタビ》天下大ニ疫ミ、萬民多ク阽ブ二於死亡ニ一。朕爲二民ノ父母ト一、徳不レ能ハレ履フ、甚ダ自ラ痛ム焉。竊ニ寫シ二般若心經一卷ヲ於金字ニ一、使ム三義堯僧正ヲシテ供二養セ之ヲ一。庶幾クハ虖爲二疾病之妙藥一矣。于レ時天文九年六月十七日

国民相互の和

【原文】

更に進んで、この和は、如何なる集團生活の間にも實現せられねばならない。役所に勤めるもの、會社に働くもの、皆共々に和の道に從はねばならぬ。夫々の集團には、上に立つものがあり、下に働くものがある。それら各〻が分を守るこ

とによって集團の和は得られる。分を守ることは、夫々の有する位置に於て、定まつた職分を最も忠實につとめることであつて、それによつて上は下に扶けられ、下は上に愛せられ、又同業互に相和して、そこに美しき和が現れ、創造が行はれる。

〔要旨〕 和は如何なる集團生活にも實現されねばならぬが、その爲には集團内の各自が自己の分を守ることが肝要である。

〔語義〕 〔集團生活《しふだんせいくわつ》〕 多くの人が集つて團體をなして生活してゐること。社會生活といふも同じ。〔分《ぶん》を守《まも》る〕 自分々々の地位に應ずるつとめを十分に盡くすこと。後の原文に説明が出てゐる。

【原文】

このことは、又郷黨に於ても國家に於ても同様である。國の和が實現せられるためには、國民各〻がその分を竭くし、分を發揚するより外はない。身分の高いもの、低いもの、富んだもの、貧しいもの、朝野・公私その他農工商等、相互に自己に執着して對立をことゝせず、一に和を以て本とすべきである。

〔要旨〕 郷黨や國家に於いても、各自がこの分を竭くし發揚することによつて和を實現して行くことが根本である。

〔語義〕 〔郷黨《きょうたう》〕 昔支那では一萬二千五百戸の地を郷といひ、五百都の地を黨といふ。通常は郷黨はむらざと、或はむらざとのなかまをいふ（町をも含む）。〔竭《つ》くす〕 盡くすの意。〔發揚《はつよう》〕 發揮の意。〔朝野《てうや》〕 朝は朝廷、野は民間。官民全體をいふ。〔執着《しふちやく》〕 或一定の物事に心をとらはれること。

教科書に障害者が載り始めた

――けなげな障害者をたたえ、分際をわきまえさせる

五分の四の教科書に障害者が登場した

国語科は、「読む」「書く」「聞く」「話す」活動とその根底にある「考える」ことからなりたっている。

教科書問題といえば、社会科がとりあげられることが多いが、くり返し読み書きする国語教科書の成長期の子どもに与える影響は大きい。国の施策が集約的に現れる教科でもある。

一九九〇年から三年間使用される中学校教科書は、各教科書会社とも、多かれ少なかれ一九九三年から実施される新指導要領を意識して編集している。国語教科書についてみると、教材選定に当たってその趣旨を先取りして、

- ●人間尊重を基本にする
- ●「国際化」に対応する
- ●豊かな感動を与える
- ●新鮮な感覚で自然・科学・社会を認識する

等をあげているところが多い。

それをそれぞれの教材をみると、伝統文化を賛えるようなものがふえているが、アイヌや

沖縄はほとんど登場しない。海外の作品や海外を扱った作品はふえたが、近い隣国である韓国や朝鮮民主主義人民共和国はもちろん、在日外国人などは全くでてこない。今日の中学生にあわせようとSF的なものや科学的なものの登場。

そしてこれは少し前からの傾向で、とても気になることであるが、美談という程ではないが、何となく教訓的なものを感じるいい話がふえてきたことである。とくに世の中の秩序にはけっしてさからわない、やさしい心をもったけなげな障害者が登場してきたこと、それも五種のうち四種にである。

そのことに私は注目したい。

なぜ弱者どうしか

学校図書は、ハンディをもつ人を主人公にした作品を二本新しく掲載した。一年生の『鈴』、三年生の『水曜日のクッキー』である。

『鈴』はかつおきんやさんのノンフィクション風の作品で、文政八年三月から四月にかけて死を間近にした病床の少年庄一の日記の形をとっている。馬にはねられてけがをした少女が歩く練習をしているようすを二階から見て書いている。一歩一歩坂道を登る姿には励ましの言葉を、見えない日には案じる言葉を、短い文で綴っている。言葉も交わすことなく死ぬが、庄一の母親はせがれが鳴らしていた鈴が少女を支えていたことを知るという筋である。

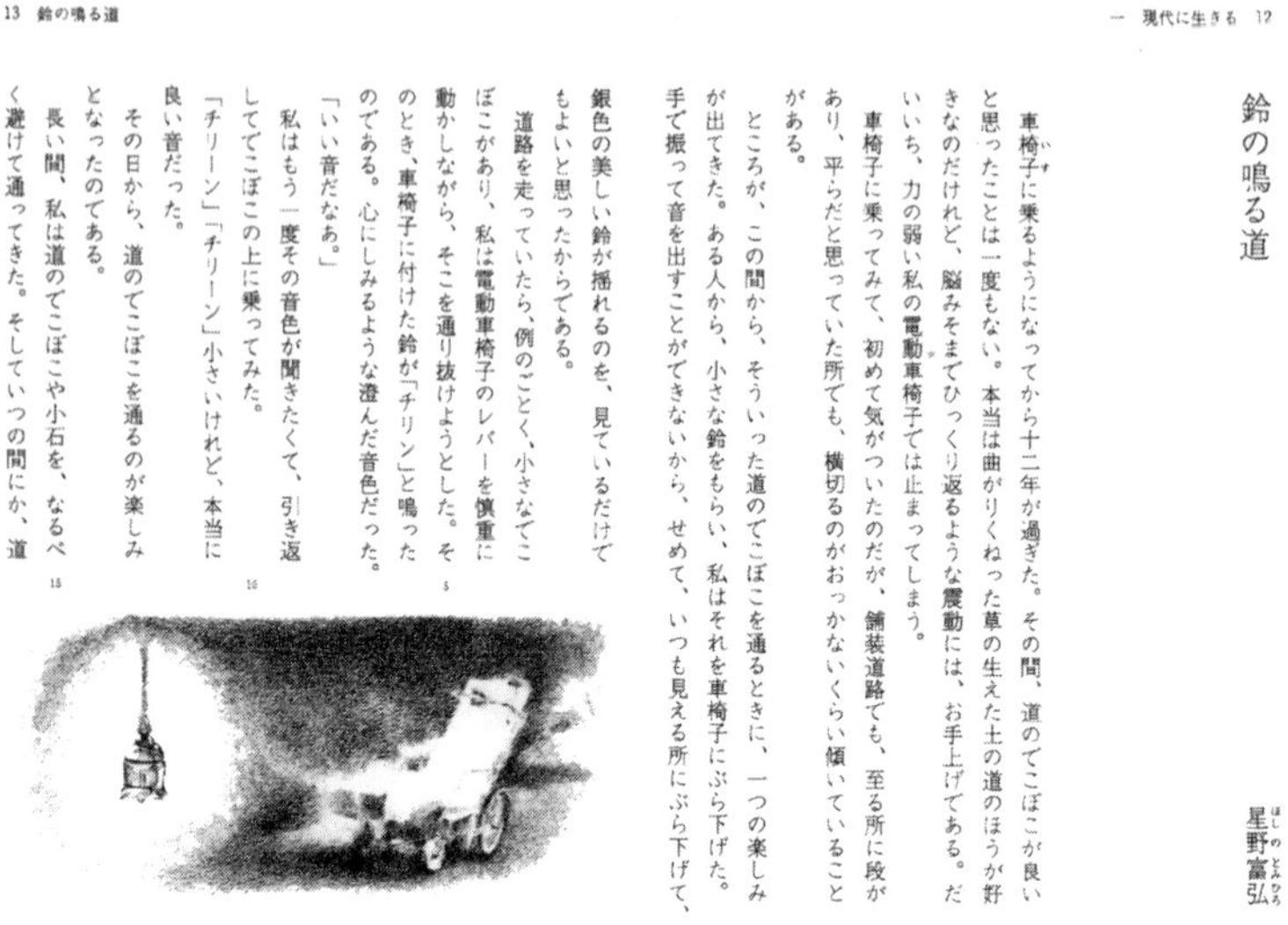

一　現代に生きる　12

鈴の鳴る道

星野富弘《ほしのとみひろ》

車椅子《いす》に乗るようになってから十二年が過ぎた。その間、道のでこぼこが良いと思ったことは一度もない。本当は曲がりくねった草の生えた土の道のほうが好きなのだけれど、脳みそまでひっくり返るような震動には、お手上げである。だいいち、力の弱い私の電動車椅子では止まってしまう。

車椅子に乗ってみて、初めて気がついたのだが、舗装道路でも、至る所に段があり、平らだと思っていた所でも、横切るのがおっかないくらい傾いていることがある。

ところが、この間から、そういった道のでこぼこを通るときに、一つの楽しみが出てきた。ある人から、小さな鈴をもらい、私はそれを車椅子にぶら下げた。手で振って音を出すことができないから、せめて、いつも見える所にぶら下げて、銀色の美しい鈴が揺れるのを、見ているだけでもよいと思ったからである。

道路を走っていたら、例のごとく、小さなでこぼこがあり、私は電動車椅子のレバーを慎重に動かしながら、そこを通り抜けようとした。そのとき、車椅子に付けた鈴が「チリン」と鳴ったのである。心にしみるような澄んだ音色だった。

「いい音だなあ。」

私はもう一度その音色が聞きたくて、引き返してでこぼこの上に乗ってみた。

「チリーン」「チリーン」小さいけれど、本当に良い音だった。

その日から、道のでこぼこを通るのが楽しみとなったのである。

長い間、私は道のでこぼこや小石を、なるべく避けて通ってきた。そしていつの間にか、道

13　鈴の鳴る道

『鈴の鳴る道』（光村図書）

『水曜日のクッキー』は、内海隆一郎さんの作品で、心臓病の不安をかかえながら生きる初老の紳士石川さんが、体のために始めた散歩の途中での、水曜日ごとにワゴン車で手作りのクッキーを売りにくる小児麻痺後遺症の障害をもつ青年との交流を描いた作品である。

教科書会社の解説書は『鈴』については、『生きる』ことの意味を時代を超えて訴えてくる作品」といい、『水曜日のクッキー』については「人間のすばらしさ、生きることの喜び、本当の意味での心のつながりとは何かを考えさせたい」といっているが、子どもたちはそううけとるだろうか。

偶然かもしれないが、二つの作品とも弱者どうしのかかわりが描かれている。

水曜日のクッキー

内海《うつみ》　隆一郎《りゅういちろう》

「けやき通り」の途中で、石川さんは首をかしげた。行く手の歩道わきにあるはずの、小さなワゴン車が見当たらなかったからである。

——おかしいな。今日は確かに水曜日だったはずだが……。

毎週水曜の午後には、決まって来ているワゴン車だった。——運転台に青年が一人ぽつんと腰掛けていて、通行人が立ち止まると、ドアを開けて「いらっしゃいませ。」と言う。その言葉は、慣れていないと聞き取りにくい。青年は、細身の体を窮屈そうに屈伸させながら、運転台から降りてくる。ワゴン車の後部は開けてあって、車内にはビニル袋入りのクッキーがいっぱい並べてある。青年は、不自由な手を懸命に動かして、いとおしそうにクッキーを客に渡すのだ。

石川さんは、ワゴン車がいつも止まっているはずの場所まで来て、ため息をついた。

——どうしたのかなあ。風邪でもひいたのだろうか。

最初に青年を見たのは、散歩を始めて一か月ほどしてからである。——行く手に止まっているワゴン車に、通りすがりらしい主婦が三、四人集まっていた。そばで毛糸編みの帽子をかぶった二十五、六歳の青年が、ビニルの小袋を両手に持って、ほほ笑んでいた。

石川さんが通りかかると、青年がいきなり大声をあげて、何か言った。しかし、石川さんにはまるで聞き取れなかった。

「いらっしゃい。クッキーはいかがですか。」

『水曜日のクッキー』（学校図書）

揃いも揃って、重いハンディを負いながら、社会秩序の中でけなげに生きている。作者の意図ではないかもしれないが、こうして教科書にとりあげられ「心情を読みとろう」などという学習をすると、子どもたちは、多くの障害者がおかれている厳しい状況などを自分にひきつけて考えることなく、あるべき障害者像を描き、せいぜい自分達とは違ったところに生き甲斐を見出す人々のいることを知るくらいではなかろうか。かつて私が国語読本で親孝行は「貧乏」でなければできないと思ったように、である。

私は障害者どうしの連帯をすべて否定するものではない。いまの日本のように、障害者が疎外されている世の中では、障害者どうしでしか安堵が得られないこともあろう。その連帯の中で共通の利益の追求や解放への道筋が得られることもあろうが、それは差別者である健常者をまきこんでこそ、実現は可能なのであろう。

私たちは障害があってもなくても、地域で共に学び共に生きることをめざしている。できることならわざわざ「共に」などといわなくてもいいように、初めから「分けない」世の中をめざしている。

その第一歩として、どんなタイプの子どもも拒まない地域の学校づくりをめぎしている。一人の障害児と共に学びきることで、子どもたちはこれらの教材の何倍も深く、生きることの意味を実感するはずである。

私は初めてこの二つの教材を読んだ時、今までほとんどなかった障害者の国語教科書への登場を評価すべきではないかと思った。

しかし、考えてみれば、このような障害者像はすでに深く長く人々の中にあるものである。これを教材として学ぶことで、その思想は一層定着することになり、違ったタイプの障害者を排除することにもつながりかねない。現に普通学級で苦労している障害児の多くはこのケースである。

健常者のお尻を叩くことにならないか

そもそも障害者が中学校国語教科書に登場したのは、前回の一九八七年の改訂で教育出版の三年生にのった、星野富弘さんの「風の旅」であった。たくさんの読者をもちよく知られた作品である。

希望を持って得意な体育教師になったものの、模範演技で空中回転をした際、あやまって頭から落下、肩から下がすべて麻痺状態になった。苦しい闘病生活を経て、口に筆をくわえて字や絵が書けることを知り、心の平穏を得て自分を取り戻す。ゆっくりと季節を移す故郷の自然の中で、温かい家族に囲まれてかいたやさしい文と美しい絵である。

星野さんは自分で恵まれているといっているが、世間に逆らわず穏やかに生きる立派な障害者像が浮かぶ。それなりの苦悩を経て得られたものであろうが、世の中には穏やかにしてはいられない障害者もいれば、作品を生むどころか、はたからは破壊としかみえない行動ばかりする人もいる。その人もかけがえのない人生を生きているのである。むしろ子どもたちに必要なのは、そのように、自分と焦点のあわない人たちとのつきあい方である。

どんな障害者も当たり前に登場すべきであるが、立派な障害者ばかりでは、「障害者でさえこんなに美しく、けなげに生きているではないか。君たちもがんばらなければ」と健常児のお尻を叩く材料に使われかねない。

この教材は続けて今次にも載っている。

光村図書は、今次改訂で星野富弘さんの絵と随筆『鈴の鳴る道』を三年生の巻頭に載せた。車椅子に乗るようになって一二年、でこぼこ道をなるべく避けていた。脳みそまでひっく

発展

風の旅

○筆者の優しいまなざしが生み出した、豊かな表現を味わおう。

星野《ほしの》富弘《とみひろ》

わたしは小さいころ、伝書鳩《ばと》に夢中になった。高く遠く飛ぶ鳩を追って、一日じゅう空を見上げて暮らした。鳩のように自由に空を飛びたい……。空へのあこがれは、高い山へとわたしを誘った。わたしの住んでいる山合いの小さな村を、①渡良瀬《わたらせ》川が流れている。その源流にそびえる岩壁や谷川②の山々へ、母の心配をよそに、よく出かけた。

高校一年の時、体育館のつり輪にぶら下がりたい一念で、器械体操を始めた。たちまち、その魅力にとりつかれていった。ただただ、体操をやりたくて、大学も体育科に進学。そして、体育の教師になった。が、二十四歳の六月十七日、わずか二か月あまりて、わたしの教師生活は終わった。

肩から下すべての自由を失ったからだ。それからは病院の天井だけを見つめる日々。文字どおり、手となり足となって看病をしてくれる母との病院生活。生きる目的も見いだせず、だからと

①渡良瀬川……利根《とね》川の支流。足尾《あしお》山塊に源を発し、栃木《とちぎ》・群馬《ぐんま》・埼玉《さいたま》・茨城《いばらき》の各県を流れる。　②谷川……谷川岳のこと。

「風の旅」（教育出版）

り返るような震動がいやだからであった。ところが、車椅子に人から貰った鈴をつけてからい音がするので、でこぼこ道を通るのが楽しみになった。人生の道のでこぼこもなるべく迂回せずに進もうと思う、というものである。

たしかにある困難にぶつかった時、視点を変えてみると思わず展望がひらけることがある。しかし、快く鈴の鳴る程のでこぼこ道ばかりではない。迂回せずに進むことで解決するとは限らないのに、世の中は〝気持ちの持ちよう〟という結論が導き出されかねない。

やはり筆者の意図に関係なく、「道徳」的に扱われる恐れのある作品である。

これで、次にあげる三省堂をふくめると、五種しかない中学国語教科書の四種に「障害者」が載った。一九五九年には、中学国語は三〇種あった。それが統制制度といわれる検定制度、採択制度、それに資本の論理が働いて五種に減った。残った五種も各社ごとの個性が

なくなり国定に近くなってきた。

おそらく新指導要領による次回の全面改訂時は、さらに多く「障害者」が載ることだろう。新指導要領の「人間尊重」を具現する教材として、登場するのは解放に向かって闘う人々でなく、障害者だけでなく、すべての人々のお手本になるような様相の人であろう。

評論的障害者観

三省堂三年は、朝日新聞の天声人語からとった辰濃和男さんの『歩道橋』を新しく載せた。二編あり、前は、女剣劇の座長、野口すみえさんからの「転居してから、母親がおふろ屋に行くのをいやがりだした。途中に歩道橋があるからだった。母親のつらさがわからず手を引いてせきたてていた。ところが、自分が疲れはてて歩道橋を渡らねばならない時、若い人が手を引いてくれるのだが、自分の足は自分で上げねばならず、つらさは変わりないことを体験した。自分でつらい思いをした時はじめて、母親に申し訳ない気持になった。私たちがやらなければならないのは、手を引いてあげることでなく、つらさを自分のこととしてわかる目を持つこと、その心の目で世の中を見直すことではないか」という手紙を紹介し、「これが老人問題の出発点である」と結んでいる。

後半は、視覚障害者で童話作家の佐々木たづさんから開いた盲導犬ロバータとのかかわりを書き、最後に、いま、日本では四二〇頭（一九八五年）の盲導犬が働いているが、まだ決定キツツキの巣も、手を伸ばせば触れる所にまで連れて行ってくれた。親鳥は警戒することなく、えさを運び続けた。ひなの鳴き声がかわいらしかった。

山の小道では、ウサギが先に立ち、案内するように後ろをふり返り、ふり返りして歩くことがあった。「ふしぎな情景だった。」と、はるか後ろにいた父親があとで教えてくれた。ロバータには動物たちを安心させる力があったのだろ

佐々木たづさんとロバータ

『歩道橋』（三省堂）

的に足りないことを訴えている。

新聞のコラムは程よくまとまっているため、しばしば教材に使われる。二つとも無視できない視点ではあるが、このように達観した短評で出会うのはどうであろうか。まだ充分な体験もしない子どもたちに達観した作者の結論を与えることになりはしないだろうか。

ちなみに私の友人、視覚障害者のHさんは、大の動物好きである。だから人間の流儀で飼うことをしない。盲導犬についても「犬権にかかわるようで……」といって導入に消極的である。そのかわりというわけではないが、家族や私たちに堂々と介助を求める。

ことばは健常者のものか

国語の教科書なのだからことばが重視されるのは当然であるが、前回あたりから「日本語と国際交流」とか、「日本人の表現」「日本語の特色」「日本人の好きな言葉」といった言語

学者の手になる教材がふえている。指導要領の「国語重視」や「国際化（国粋化）」に応じることであるが、ことばは、まずはコミュニケーションの手段である。

とすれば、教科書が中央から全国に向かった形で編集されていることに大きな問題がある——日本の教育の基本姿勢であるが。いろいろな地域の個からの語りかけで始まるべきであろうに。もちろん教科書には、地方の文化や産業やことばも紹介されている。しかし、その多くが中央の目で評価されている。

その中では、教育出版が、かなり地域社会の抱える問題や地域文化を地域の側からとりあげている。例えば中本正智さんの『列島の風土と言葉』には、沖縄出身の筆者ならではの視点があり、山岸嵩さんの「よみがえったろう管」には、言葉を奪われたアイヌ民族の悲哀が描かれている。

ことばは中央からの伝達の具ではない。私は新指導要領にいう「国語重視」の中に、必要以上に民族の誇りを強調したり、「国際化」が日本語による侵略にならないことを念じている。

当り前のことであるが、障害者もふくめた身近な人とのコミュニケーションから始まらなければならないと思う。そのためには、例えばすべての子どもたちが手話や点字をマスターすることはできなくても、手話や点字がどのようなものであるかくらいは知らせるべきだと思う。

ところが、五種十五冊の教科書のどこにもそれらは見当たらない。ただ一つ、教育出版三年の作文教材「意見を効果的に」の中に例としてあげられている青森市の生徒作品「『線香花火』の心をもって」がボランティアとして手話を習うことと、耳の不自由な人とのつきあい方を綴っている。

内容は、バスの中で耳の不自由な二人の少女の手話をみたことがきっかけで手話を習い始めた作者が、耳の不自由な人と話をしてみたくなり、耳の不自由な人の施設の、耳の不自由な事務局長と話をしたことが書かれている。とくに事務局長の「あなたがたが、わたしたちに何かやってあげたと思う自己満足的な『打ち上げ花火の善意』でなく、一緒に働いたと思う時の『線香花火の心』、あなたがたのその心がわたしたちに必要なのです」ということばに、誠心誠意やってきたつもりではあるが、やはり「打ち上げ花火の善意』であったことに気がつく、というあたりが強調されている。

事務局長の指摘はそのとおりであるが、その人と話したい、ではなく、手話を習ったから誰か耳の不自由な人と話したくなったといっているように、聴覚障害者は地域から離れて、ろう学校で学び、施設で生活しているという前提からの出発なのだから、どう考えたところで、「打ち上げ花火の善意」にならざるを得ないのではなかろうか。分かれて学ぶ、分かれて生きることを問題にしなければ、たとえ「線香花火」が長く確かに続いたとしても、花火は花火で五十歩百歩ではないか。

それでも出会いがなければ始まらない。掲載されたことだけでも評価しなければならない。

おわりに

以上、中学国語教科書に登場し始めた〝障害者問題〟の問題点をみてきた。国家目的を示す指導要領を具体化して子どもたちに接する教科書には、他の視点からも多くの問題がある。しかし、このところ大所高所から指導要領の批判はしても、わが子が手にする教科書の次元で発言する人が少ない。たぶん厳しくなった検定制度の中で作られた教科書に期待できなくなったことと、公開されない採択制度の前に意欲を失ってしまったからであろう。

一般の教師や父母が発行されているすべての教科書を見る機会は、表向きには七月一日から一〇日までの教育委員会が行なう教科書展示会に行くしかない。私は今年の展示会を二カ所のぞいてみたが、いずれも人の気配はなかった。その理由は、教師の場合は、禁じられている方法であるが、教科書会社がすでに主だった人々にアタックずみであること、父母の場合、個人的に購入することはできても、採択につながる発言をする場がないことであろう。

東京二三区の場合、学校は教科書ごとに三位までの順位をつけて区教委を経由して希望を出す。都教委（選定審議会――個人名は公表されない）は、それを整理して区ごとに採択教科書を決めるしくみになっているが、細部については公開されないので結果に疑問が残ることもある。それでも全県一種の県がふえる中、まだ現場の意見が尊重されている方だと言われている。

しかし、学校としての希望しか出せないので、職場によっては父母の意見をきくどころか、一人一人の教師の意見さえ通るとは限らない。そんな時、教師たちは教えるのは自分だからというささやかな自負を持ってきたが、これは最後の線であっても大きな力にはならない。

教科書は、実務的には文部省で作るわけではない。それぞれの出版社の労働者の中には連帯できる人もいる。売れる教科書でなければ、というジレンマもある。

私はこのところ国語教科書にこだわっていて、さまざまな方法で批判や要望を重ねている。時として、ほんとうに時としてであるが、確実な手応えを覚えることがある。障害者問題の掲載については、共に生きることをめぎす人々はもちろんであるが、障害者自身の大きな声を期待する。

ちなみに新指導要領は、中学校普通学級における習熟度別学習（能力別学習）と、選択教科の拡大をうち出している。実施は一九九三年からであるが、東京書籍の国語教科書では、今次の教科書ですでに対応できる態勢を示している。すでに採択業務は終わっているのだけれど、このような教科書の採択数がふえることのないようにしたいものである。

（季刊『福祉労働』44号一九八九年秋）

第二章　分に応じる障害者・分を越える障害者

棄てられた民が最も良く靡《なび》く

きく度に日本国への帰属を確認されたようで不愉快になるのだけれど、長春の郊外で日本人は一人という暮しをしていると、時々ラジオ日本の日本語放送にダイアルをあわせてしまう。NHKが世界中に電波を流し、総体としては現代版「日本よい国」(「日本よい国強い団世界に一つの神の国」――国民学校教科書二年音楽)をくり返しているようなものである。NHKが選んだニュースやスポーツニュース、なつかしい歌、それに海外の日本人の動静などが報道される。限られた時間であるが、「お言葉」などは必ずきかされる。

この度のイラクのクウェート侵攻については時期到来とばかり色めきたった。特にイラクに抑留されている日本人の身辺の報道は悲愴感をあおるような感じがあった。

「人質」などということがあってよいとは思わないが、外国にいるということを一体どう考えているのか。日本にいる、あるいは来る外国人に対して日本政府や日本人がどんな待遇を与えているか、考えてみたことがあるのか。それと比べてみたことがあるのか。

私はいま中国に住んで、日本人である不自由さもあるが、感じとしては日本人(外国人)である自由さのほうが大きい。それはとりあえずのこととしてではあるが、日本からも中国からも埒外《らちがい》におかれているということであろう。しかしこの自由さは、(前出)何かおこった時には、全くの不自由さになることを覚悟しなければならない質のものだと思っている。

さて、そのラジオ日本が、「即位の礼」の数日後であったが、海外にいる日系人の中から選ばれて「即位の礼」に参加した人々の声を伝えていた。日本からの移民またはその子孫である。明治初年のハワイをてはじめに、日本は多くの生活にあえぐ人々をアメリカに、ペルーに、ブラジルに送った。いってみれば棄民である。もちろん「即位の礼」に参加できたのは、苦労の末、今日を得た出世組ばかりであるが、一様に時代がかった話しぶりで日本をたたえ感涙にむせんでいた。「特によかったのが海部首相の万歳三唱であった」という人がいた。「このところ日系人の間でもあまりやられなくなって残念に思っていたが、これで新しい意味をこめてまたやれる」と喜んでいた。

まさに棄てられたものが最もよく靡《なび》くという図式をまたここにみせられた思いがする。棄てられたからこそ倍して帰属を求めるのであろう。

戦争中には、女でも、子どもでも、障害者でもお役に立つ途はないかと競った。いまも大勢としてはかわりないが、見事な立ちあがりをみせる障害者も確実にふえてきた。

障害者と戦争

『もうひとつの太平洋戦争』（立風書房刊）という本がある。故仁木悦子さんが代表をつとめていた障害者の太平洋戦争を記録する会が編集（一九八一年第一刷）したものである。

戦争は多くの人々の命を奪い、苦しめるが、障害者にとっては一層であったことが綴られている。

学校教育の中では体育が重要な位置を占め、一九四一年小学校が国民学校初等科になってからは体錬科とよばれるようになった。

(国民学校令によれば、国民学校の教科は

国民科――修身、国語、国史、地理
理数科――算数、理科
体錬科――体操、武道
芸能科――音楽、習字、図画工作、女子には裁縫を加う

となっている)

同書の中には、腰椎カリエスで治療中であることがわかっているのに、軍隊帰りの教師に「たるんどる！　鍛えてやる」とどなられ、しごかれ、病状が悪化したOさんの手記や、Sさんの、軍事教練が必修の中学校への受験の条件を満たすため、関節炎を患っているのに体育を強制された苦しい記録も載っている。

この本には終わりのほうに「消しておきたい一句」として、花田春兆さんの

血は燃ゆれど征き難きかな我れ壮丁

という句と、徴兵検査のことを書いた文も載っている。
兵役を逃れるため、障害者になろうと試みた人もいたのだけれど、差別の中で「非国民」とひらきなおることなど考えられない時代であった。そのあたりの屈折した思いは読むものもつらい。

戦争中、人的資源を求めて、一たん切り捨てた障害者に対して、牛島義友氏らが、まだ労働力になり得る人はいないか、どんな労働ならできるかというような調査をした記録を見た覚えがある。

『ある盲学校教師の三十年』(鎗木栄助著　岩波新書　一九七八年)の中には、「防空監視哨に立つ青少年」という項がある。盲学校の生徒に、音楽や体操の時間をさいて、グラマン戦闘機、B29爆撃機、航空母艦艦載哨戒機などの機種別、高度別の音をレコードで聴かせ、聴覚に鋭敏なことを確認して、屋上で防空監視哨の実験をしたことがのべられている。寒風の中、爆音を識別するため耳をそばだてている姿は痛々しかったという。

実験は実戦力にはなり得ないとして沙汰止みになったそうであるが、その時、血の気の多い少年は「やはりお国のお役に立てないのか」という疎外された悲しみを覚えたという。

また戦争中、少年たちが海軍航空隊に憧れたように、盲学校の生徒は海軍技療手に憧れた。

海軍航空隊員の実戦や訓練の疲労をマッサージで癒す目的で、海軍省直轄の海軍技療手訓練所が設立された。軍務につけないことでひけめを感じさせられていた全国盲学校の生徒たちは出番到来とばかり志願したことも書かれている。

かつて私は、沖縄のひめゆり部隊の生き残りの人から「防火訓練や陣地構築をしながら、はじめは、女でもお国のために役に立てる時がきたと意気込んでいました」ときいて、ああやっぱりと肯いたことがある。沖縄であればひとしおであろうが、私も、直接忠義を尽くすのは男で、女はそれを支えるものだと教えられた。それが戦争が激しくなって、男なみ、男がわりの活動が期待された時、意気込んで時局の到来を喜んだものである。

女性であれ、障害者であれ、抑圧された者はしばしば無意識のうちに一〇〇％以上権力に忠誠を尽くすことがある。

分に応じる障害者・分を越える障害者

長谷川良夫さん（日本脳性マヒ者協会全国「青い芝」の会、三六歳）は全国同和教育研究集会や日教組教研集会などで、容赦なく教師（健常者）の差別性を指摘し、ラジカルに問題提起をする人として知られている。もちろん日常の地域活動の上に立ってのことである。その発言には私もしばしば目をさまされる思いをしてきた。その長谷川さんは養護学校在学中はもちろん卒業後もずっと優等生だった。もし「青い芝」の運動に出会わなければいまも。

小学校五年生の時、在学していた神戸市立友生養護学校に裕仁の弟高松宮が来た。一カ月くらい前から父母達は校舎内外の清掃に協力した。高松宮に声をかけられる生徒として長谷川さんが抜擢された。当時長谷川さんは教師の工夫した足机を使って、足指に鉛筆をはさんで字を書いていた。これを目玉におめにかけようということになり、豪華な上半分がスライドする足机が考案されあつらえられた。足指を使うため、常時素足に直に靴を穿く生活をしていたが、冬のさなか寒そうにみえるというので当日は、親指と第二指が出るように切り取ったソックスをはかされ、デモンストレーションは始まった。高松宮は赤い絨毯の上を歩いてきて長谷川さんの前に立って、足指で字を書くのを見て「寒くないですか、これからもがんばってください」と励ました。

その後長谷川さんは、かわってかかわった教師から訓練を強いられたり、字は手で書くべきだといわれたりしたため、登校拒否をしたりしているが、それでも励ましに応える優等生として養護学校を卒業している。

神戸市で障害者が成人式に参加したのは長谷川さんが初めてであった。それまで障害者が成人式に呼ばれることはなかった。市の中央公民館ができた時、代表に選ばれ壇上で宮崎市長と握手し、挨拶をした。盛装した参加者の中、赤いジャンパー姿で、年よりは幼く見える長谷川さんが発言した時、いやが上にも同情心は煽られ、着物姿の女性達は泣き出してしまったそうである。

このようにハレの場ではがんばる障害者としておだてられることが多かったが、生活の場ではそうはいかなかった。

長谷川さんが障害者としての自覚を持ち、活動するようになったのは、神戸市職員の採用試験を受験したことがきっかけであった。二一歳の時一～四級の障害者を対象にした特別雇用制度による神戸市職員の採用試験を受験した。O教師たちの支援を得て、筆記試験は足で書いた。二次の面接試験も充分な手ごたえがあり、自信をもって発表を待ったのだが、結果はなぜか不合格であった。介助の必要がないこと、自力通勤できることという条件を雇用する側の都合で解釈してあてはめたと考えられる。

いま、障害者として活動している人の多くがそうであるように、長谷川さんも、分際をわきまえている間、人々は褒めたり、励ましたり、同情したりするが、一たん共に生きようという姿勢をみせたとたん、厳しく拒まれ、否応なく一切の媚を捨て闘いに立ちあがったようである。幸いなことに、そのころ関西「青い芝」の活動に出会い、映画『さようならＣＰ』に出会ったのである。

注　日本脳性マヒ者協会全国「青い芝」の会
脳性マヒ者の更生と親睦を目的に一九五七年に結成された。当初は家に閉じ込められている仲間を戸外に連れ出し、旅行やおしゃべり会などを主にした活動をしていた。

一九七〇年横浜で起こった障害児を殺した母親の減刑運動を「障害者は殺されてもやむをえない存在か」と批判するところから、脳性マヒ者であることを自覚し、安易な問題解決でなく問題提起を活発に行なってきた。

一九七二年「青い芝」神奈川連合会が疾走プロと協力して制作した映画『さようならCP』は大きな反響をよびいまも上映運動が続いている。


府中療育センター闘争は、東京都が施設を都心からより離れた所に移転させようとしたことを契機に、それまでくすぶり続けていた問題が一挙に噴出して激しい闘いに発展し、一年半にも及ぶ都庁前テントすわりこみを貫きながらついに勝利を得ることのできなかった闘争である。勝利は得られなかったけれども、やはり府中療育センター闘争は七〇年代前半の代表的な闘いと言っていいと思う。

それは、収容されていた障害者自身が、福祉施設の実態を暴露し、糾弾した最初の闘争であり、決起した障害者によって、恩着せがましいその医療が、実は障害者をモルモットにした人体実験であったことがあきらかにされた。また闘いの中で施設における障害者と労働者の関係を問いなおし、さらには福祉幻想をくだく過程にもなっていった。その意味で、国立身障センター闘争や、荒木裁判闘争とともに、日本の障害者解放運動の起源と言っていいと思う。

全国障害者解放運動連絡会議（略称全障連）関東ブロック代表の猪野千代子さんは五四歳。自立生活をしている車いすの障害者である。自ら「障害者の足を奪い返す会」を主宰し、障害者の移動・交通問題にも長い間とりくんでいる。介護者の間では、猪野さんの介護は厳しいという定評がある。一方、お世話でなく生活を共にする関係がいいという人もある。

猪野さんは、ほとんど家の中で成長した。障害児をかかえる負担は家族にとってかなり重いものであったようである。つききりで世話をしてきた母親が亡くなった時、猪野さんは介護する人の負担を考え、自ら子宮摘出手術を受けている。二八歳であったという。

一九六八年、三一歳の時府中療育センターに入った。そこで行なわれた非人道的なことに猪野さんは事々に抵抗した。猪野さんは、府中療育センター闘争当時にはすでに退所していて直接かかわっていないが、事前の胎動を担った一人と言えよう。入所に当っては家族から、本人の意志に関係なく「解剖承諾書」がとられた。入所時には全員裸の写真が撮られた。猪野さんもパンツ一枚で撮られた。私物は持てず衣服も夏冬同じおしきせ、新聞、雑誌も禁止であった。抵抗する者は個室に入れられた。そこは反省室とよばれ鑑別所なみであった。在所生たちは「三階に行ったらおしまい」と実験室行きを恐れていた。生命、人格にかかわる様々な実験が行なわれた。犠牲者も少なからずあったそうである。

猪野さんたちは生活の場だからと、トイレや入浴の同性介護やトイレのカーテンなどの改善要求を出し、ハンストもした。ハンストしかやりようのない状況だったのだろう。

在所生はA・B・Cにわけられていた。Aは養護学校や普通学校を卒業した人で、中・高生の勉強をさせられた。Bは自力で学習した人で小学校二～五年程度の学習を、Cは読み書きのできない人で幼稚園なみの絵本をみせられ、おしぼりたたみなどをさせられていた。

見学者が来ると、きれいにかたづけられ、職員の態度ががらりとかわるのが常であったが、常陸宮妃が来た時は大変だった。どこをどう見せるかが協議され、Aの人たちを前列、それ以外は後の方に並ばされた。見せる人もきまっていた。猪野さんはすねて柱の陰で編物をしていた。ところが妃は予定のコースでなく猪野さんに「何を編んでいますか」「他に何を編みますか」「いくつくらい編みますか」などきいたあと「がんばってください」「お大事に」と言ったそうである。

猪野さんは、こうした皇族の行為を欺瞞的だという。社会の負担になっているのだから弱者は政治に口を出すなといわれるが、老人にしろ障害者にしろ発言していかないと世の中はよくならないともいう。

注　全国障害者解放運動連絡会議（略称　全障連）

関西障害者解放委員会と関西青い芝連合の呼びかけにより、全国各地から障害者解放にむけて闘っている団体や個人が集まってひらかれた準備会を経て、一九七六年八月大阪で結成された（のち青い芝脱退）。結成集合には一五〇〇名が参加したが、いままでの障害者運動と異なり、その半数は障害者自身であった。

大会宣言には、
一、全障連はすべての障害者差別を糾弾し、障害者の自立と解放のために闘う。
一、全障連は優生思想を排し、障害者ひとりひとり、またそれに関わる人達の要求と闘いをくみ上げ、どんな課題とも真剣に取り組み実践し、障害者の結集をもって障害者のあらゆる権利を創出、獲得する。
一、全障連は障害者の自立と解放の闘いをすすめる中で、あらゆる差別に抗して闘いつづける被差別人民と手をたずさえ、相互変革の上に連帯をきずく。
その他、労働者・学生等との共闘や、全国いたる所に運動を展開することを謳った。

以来、養護学校義務化阻止闘争、差別糾弾闘争等を果敢に闘っている。


「青い芝」の会や全障連など障害者自身による解放運動がおこるまでの障害者運動は、親や関係者による御願い運動や代行・融和的な運動が主であった。今でこそどの組織も一応障害者自身の声を大切にしようという動きがあるが、獲得運動が中心であった。

それらの組織は、運動を広く認知させるために、進んであわれまれ、励まされる側に身を置き、皇族を担ぐことも少なくない。

精神薄弱者育成会の機関誌には、故役員の業績を讃える中に大会に皇族を呼んだことが度々挙げられている。

精神薄弱者育成会（手をつなぐ親の会）は、一人ではもう耐えられない、社会に訴えようという一母親の決意に呼応して立ちあがった知恵遅れの子どもを持つ親たちと、この苦悩を母親たちにだけ強いておくわけにはいかないという福祉・教育関係者が手をとりあって、大きな社会運動をおこそうと呼びかけ、一九五二（昭和二七）年七月一九日参議院会館で結成大会をひらいた。非常な勢いで広まり、母親たちの訴えを綴った手記『手をつなぐ親たち』が出版された。その出版を記念して開かれたのが、手をつなぐ親の会第一回全国大会であった。翌年行なわれた第二回全国大会では次のような決議を挙げている。

決　議

われわれは精神薄弱者が人として尊ばれ、治療教育、養護、職業及びその生活が強力に守られるために、国はすみやかに法的に施策を強化実施し世論を結集して、その福祉の確立に力を尽くされんことを望む。

右決議す

昭和《ママ》二八年七月二十五日

世間からは差別と偏見のまなざしを浴び、教育委員会からは就学猶予や就学免除を強制されるような時期であった。誠に素朴な要求団体であったことがわかる。なおこの大会には山本安英とぶどうの会や小児麻痺児を持つ安西愛子が賛助出演している。

以来各地域毎に活動を進めながら、毎年全国大会を開いてきた。組織が拡大し業績があがるにつれ、大会も規模が拡大し儀式ばりの厳粛さが求められるようになっていった。一九五七年、第六回大会には秩父宮妃を迎えている。そこで同妃は「お言葉」として、

「（略）知恵のおくれた子供を持たれる親御の方々の心中は、深くお察ししておりますが、その人知れぬ御苦労を踏み越え、希望に充ちて、之等の幸薄い人々（圏点は筆者）の教育と福祉のため、日夜御努力なさっておられることは真に心うたれるものがあります。皆さん方多年の御努力が報いられ、最近その対策が急速に進められ、世の人々の理解と同情も非常に高まって来たことをきき、洵に喜びに堪えません。（略）」

と言っている。

何という言い方であろう〝幸薄い人々〟とは。知恵が遅れていることが不幸ではない。点数で計られる世の中で、点数がとれないことで差別されることが悔しいのである。差別された上で同情されなければならないことが悲しいのである。ほんとうに幸薄いのなら、幸薄くしているものをこそ問題にしなければならない。

以後も主催者は可能な限り関係大臣とともに、一九五八年第七回秩父宮妃、第八回高松宮妃、第一〇回秩父宮妃と皇族を招いてきた。一九六二年、専務理事の仲野好雄氏は機関誌

『手をつなぐ親たち』に「第一一回大会をかえりみて」として、

「（略）来賓の方々は宮様も出られないのに現職二大臣をはじめこれだけの盛会をあらためて見直して下さいました。来年こそは全国津々浦々から参集して宮様推たいの盛大な全国都道府県組織完成大会がもてるのではないかと胸をふくらませたのであります。（略）」

と記しているが、その願望の強さが読みとれる。

とくに節目には、二〇回皇后・秩父宮妃、三〇回皇太子・同妃、三五回皇太子・同妃と格も上がっている。

一九七一年の二〇周年記念日本精神薄弱者育成会全国大会で秩父宮妃とともに参加して皇后（現皇太后）は、

「（略）皆さんは、薄幸な人々のために、手をつなぐ親の運動を推進し、地味ではありますが社会的に有意義な活躍を続けて今日にいたりました。（略）今後とも関係者が協力して、なおいっそう使命の達成に努力することを希望します。」

とのべている。

さすがに世間の同情を期待する言葉はなくなっているが、相変わらず心身障害児は薄幸の人々であり、状況を改善するのは関係者であるという。このようなことを言われながら感涙にむせぶのはなぜだろうか。これこそ象徴天皇制国家の民草なればこそのことであろうが。

その後国際障害者年を迎えた一九八一年の三〇周年記念大会および一九八六年の三五周年記念大会には皇太子・同妃（現天皇・皇后）が出席している。国際障害者年のスローガン「完全参加と平等」の影響か「お言葉」の薄幸の人という表現は消えた。三五周年記念大会で皇太子（現天皇）は、

「（略）自ら訴えることの不得手な、自らを守ることに弱い精神薄弱の人々が、その個々の人格を尊重され、それぞれの努力により、自信と安らぎをもって生活できる社会が望ましく、私どもはそのような社会を目指して進みたいと思います。（略）」

といままでの皇族より積極的な発言をしている。これをきいた会員は、親は代弁者として声を出し、一層行動しなければと、あらためて決意したという。効果は一層のようである。

なお大会会場壇上の飾りつけであるが、初期は皇族を迎えても、花を飾り後ろにびょうぶ

を立てるくらいであったが、一五回（一九六六年）には真正面に大きな日の丸が張られている。一六回以後は日の丸と会旗が対に飾られ威厳に満ちたふんいきが作られている。

精神薄弱者育成会はそれぞれの地域で活動しているが、『富山県育成会だより』一九九〇年二月号は一月二八日精神薄弱者授産施設あざみ園に常陸宮・同妃を迎えたことを一、二面に掲載している。僅か三〇分の視察なのだから、何かのついでに立ち寄ったのであろうが、

「……両殿下をお迎えできるのも、これからのあざみ園の発展の象徴のように思える……」と副園長は記しているし、近隣の人達が手に手に日の丸の小旗を持って今か今かと待ったという。

「頑張って下さい」といわれ「ハイ」と答えた園生たちは、

「偉いお客さん来たね」

「華子様きれいやったね」

「たくさんの人が来ていかれたね」

「警察の人もおられたよ」

「僕、やっぱりドキドキしたけど顔を見たら安心した」などと感想をのべている。

おそらくは隠された部分や傷ついた人もいたであろうが、効果は充分であったのであろう、副園長は「明日からの園生活に活力をいただきました」と結んでいる。

（1）第56号　富山県育成会だより　平成２年３月31日

みなさんの会報です　よく読みましょう

手をつなぐ親 とやま

第56号
富山県精神薄弱者育成会
富山市舟橋南町５－14
富山県社会福祉会館内
ＴＥＬ0764－41－7161
発行責任者
山下博文

常陸宮ご夫妻

あざみ園をご訪問

（北日本新聞社提供）

常陸宮両殿下をお迎えして

あざみ園副園長　中野英和

平成二年一月二八日朝、昨日までの北陸特有の雪模様が嘘のように、眼前には立山連峰の山々がくっきりと青空に聳え、眼下には、雪化粧をした富山市内が手に取る様に見えるこの風光明美な地に常陸宮両殿下をお迎えできるのも、これからのあざみ園の発展を象徴するかのように思えた朝でした。

午後二時すぎ両殿下がお着きになるころには近隣の人達が手に日の丸の小旗をもち、今か今かとこころまちにしておられました。ご到着され園長より園の概要説明があり、園生達が待っている訓練室へとご案内いたしました。

最初は洗濯班です。ここでは今乾燥機から出した山のような洗濯物を園生がたたみ整理しているところでした。妃殿下は、その山積みされた洗濯物を見られて少々驚きの様子で「どれくらい時間がかかりますか」とか「シーツ等はクリーニングに出したりしないのですか」とか、また、作業している園生に向かって「今着ている服も自分で洗濯するの」などお聞きになり、「これからも身体に気をつけて頑張って下さい」と激励のお言葉をいただきました。

次に機能訓練班です。比較的障害の重い園生達が、平均台、マット、トンネルなどで体力の増進、維持を行っておりました。そこでは両殿下とも、あたたかいまなざしで園生達の動きをご覧になりながら説明をお聞きになっておられました。

次に和紙作成班です。ここでは牛乳パックから和紙をつくる工程を見ていただきました。

妃殿下がすこしかがみこまれ、紙ちぎりをしている園生に「何をしているの」「手が痛くならない」など笑顔で尋ねられ、園生も笑顔で「痛たならんよ」と答えておりました。

— この会報は、共同募金より一部助成をいただいています —

— あたたかい　心と心のふれあいで　守ろう人権 —

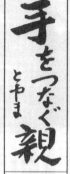

次に養鶏班です。ここでは採卵した卵の汚れをふき取ったり、パック結めの作業を見てしただきました。

妃殿下は「いつもこんなに沢山産むのですか」とか、パック詰めを見られて「どの様にして配達をするのですか」など細かいご質問がありました。

次に食品加工班です。ここでは製パン作業を見ていただきました。特に妃殿下が興味をもたれ、マメ入りパンの生地を見て、「これ大福みたいですね」とか、皿に油を塗っている園生に「何をしているのですか」「上手に塗れていますね」などの問いかけにハキハキと答えておりました。

次に農園芸班です。ここでは瓢たんの加工を見ていただきました。特に殿下が興味をもたれ、ペーパー磨き、色塗りなどは身を乗りだされてご覧になっていたのが印象的でした。

退室のとき「頑張って下さい」のお言葉に園生は元気よく「ハイ」と答えておりました。

次に紙工班です。ここでは型どりされた紙を正確に折り、のりづけをし紙袋にする工程を見ていただきました。

殿下、妃殿下の「こんにちわ」のお言葉に園生達の緊張感もとり払われた様子で、両殿下のご質問には顔を見て答えておりました。

最後は籐手芸班です。ここでは、籐から籠をつくる作業と、パッチワーク、刺し子の作業を見ていただきました。特に妃殿下が興味をもたれ、籐では熊の顔の形をした小物入れに関心を持たれておられました。また、手芸では「細かくて大変ですね」とか、ミシン作業をしている園生に「一日何枚できますか」「いろんな模様があるのですね」などお言葉がけをされておられました。

ご視察時間が三〇分と長いようで短く感じましたが両殿下とも一人一人の園生の顔を見られ優しい笑顔で接しまた励ましの言葉をいただき、園生、職員ともにこころ新たにし、明日からの園生活に活力をいただきました。

園生の感想

- 「偉いお客さんが来たね」
- 「華子様きれいやったねー」
- 「たくさんの人が来ていかれたね」
- 「警察の人もおられたよ」
- 「僕、やっぱりドキドキしたけど顔を見たら安心した」など……。

心のとも運動

ー今年もご協力に深く感謝申し上げますー

平成元年度における"心のとも運動"は、今年も各小・中学校はじめ高等学校の先生、生徒、父兄の方々のご理解とご支援により、多大のご協力を頂くことができました。ここに厚く御礼を申し上げます。

この収益金は、本年富山県において十月四日～六日まで開催されます全国大会への助成として一〇〇万円、特殊教育研究会に還元しお役立て頂きたいと存じます。

ご協力下さいました各学校の皆様まことにありがとうございました。

小学校	一四四校	鉛筆
	一三三校	芯
中学校	四一校	鉛筆
	三八校	芯
高等学校	二八校	鉛筆
	二六校	芯
鉛筆　合計	一三九、一四四本	
芯　合計	一二、一四二個	
合計金	三、六六六、五九五円	

― あっあぶない　子供は動く　赤信号 ―

福祉ドレイ工場　大久保製壜・千葉裁判の場合

抑圧された障害者はとりあえずは権力に媚びる

福祉モデル工場は福祉ドレイ工場だった

たしか一九七三年の暮れだった。それまでどんな子でもいいからと殺到していた特殊学級卒業生への求人がばったり止まった。止まっただけではなく、退職や解雇があいついだ。情報の交換をすべく都内の特殊学級担任が集まった。

特殊学級の卒業生たちも「金の卵」のうちだと思っていたのだけれど、景気の安全弁に使われていた事実が次々に報告された。明らかに雇用奨励金がめあてであったという例も少なくなかった。一同暗たんたる思いに沈んでいるなか、「私の区には大久保製壜がありますから助かります」と言った人がいた。墨田区の中学校特殊学級担任をしている人であった。企業なのだからそんないい所があるはずはないと思いながら、羨望のまなざしを向けたものである。

それを裏付けるように、一九七五年三月に出た『心身障害者雇用好事例集』（東京都心身障害者雇用促進協会刊）の墨田職安の部には大久保製壜がとりあげられていた。そこにはさまざまな受賞や、雇用促進融資モデル工場になったいきさつや、障害者に対する行き届いた処遇が書かれていた。従業員数一九六名中障害者が一一九名と記されている（身障者五〇名、精薄者六九名)。

何かある、という気はした。しかし、私が実体を知ることができたのは、その年（一九七五年）の暮れ、検査課で働く労働者の蜂起によってであった。福祉モデル工場が福祉ドレイ工場であることがあばかれた。大久保製壜は、十数年にわたって、障害者雇用で多額の低金利融資や税法上の優遇措置を受け、大きくなり続けていた。一方、工場の中では労働者、とりわけ障害労働者に対する虐待や差別が日常的に行なわれていた。決起は長い抑圧に対する怒りの噴出であった。会社側から〝自分の意志すらもち得ない〟と侮蔑され続けてきた人びとの決起はみごとであった。――この決起には、昨年（一九八七年）会社側の覚醒剤謀略にかけられた長崎宏さんをはじめ、橋本正則さん、黒崎徹さん三人の共に働く健常者の力が大きい。

私たちは、とりあえずの現象であっても、権力に従順な障害者にいら立つことがある。これは勝利の喜びを記したものであるが、障害者が生きていくためにわきまえてきた分際というものを感じる。

勝ったぞ!!

検査課労働組合　K・S

係長が小原君をしかったときの抗議よりボーナスのことで発展した私たちの紛争も私は本当は反対でした。それは私自身が障害者だから差別があってもしょうがないと思っていたからです。でも仲間に入って闘ってみると、自分の考えが間違っているということが良く分かりました。

会社に低賃金と人扱いしないで働かせられてきた自分を情けなく思っております。

一二月二日、会社にデモのとき、ゼッケンに弟より給料が安くて困るということが書いてありましたが、会社の給料差別が兄弟まで差別するのだなあと思いました。

一〇日間のスト生活の中で三六人が一丸となって生活したことが今まで以上に友情を深めたことは本当にいいことと思います。また支援の皆さんの食糧を始めあらゆる応援をしてくれたことに感謝の気持ちでいっぱいです。私たちを応援してくれた支援の皆さんのためにも、残って会社で仕事をしている皆さんのためにもぜひ私たちの要求を飲んでもらいたい気持ちでいっぱいでした。三日間にわたる亀戸労政事務所の団体交渉も会社側が一歩もひかぬときは本当にはがゆい気持ちでした。八日一一時すぎ、交渉員より勝ったぞと言われたときはうれしい気持ちでいっぱいでした。

交渉員の皆さんありがとう。

支援の皆さんありがとう。
私たちのスト紛争も終わり昨日（二〇日）ボーナス日でした。二ヵ月というボーナスをもらうのは今まで初めてでした。今日（二一日）検査課の仲間が三万四〇〇〇円もする数字の出る腕時計を買って大喜びをしていました。
六年くらい前、目の悪い人を使ったときテレビに出た社長が障害者に働く喜びを与えると言いましたがそのときの言葉とまったく逆で、このときこそ働く喜びだと思いました。

（大久保製壜闘争支援連帯会議パンフレットより）

私のクラスの卒業生をはじめ、障害者たちが似たりよったりの条件で働いているにもかかわらず、その立ちあがりを助けることはおろか、実態を告発することすらできていなかった私は大きな衝撃を受け、支援の列の最後につらなった。検査課の三六名は検査課労組（現、東部労組大久保製壜支部）を結成し、教会にろう城しながら年末一時金の一律支給要求闘争に勝利した。

「強度の精神薄弱」だから恋愛できない

その後も、会社側の障害者差別・組合つぶし攻撃はかえって激しく執拗に続いた。そのなかで、身体障害者千葉辰雄さんは一九七七年三月二八日懲戒解雇された。理由は、千葉さんが結婚を前提につきあっていた同じく大久保製墁で働くEさんとの愛撫行為であった。会社側は、「Eさんは強度の精神薄弱で、意思能力なく抗否不能状態であったので、千葉さんのしたことは強制わいせつ行為であり、職場規律を乱すものとして懲戒解雇処分に付した」という。千葉さんは、これを不当として、東京地方裁判所に訴えを起こした。

それに対して会社側は、Eさんが重い精神薄弱で男女交際や性行為について社会的に信頼し得る承諾をなす能力がない証拠として、二つの書証を提出した。一つは障害者年金をもらうための診断書「国民年金・福祉年金診断書」であり、もう一つは卒業した千葉養護学校の教師によってつくられた文書であった。

その二つの書証は、いずれも内容としてEさんの「承諾能力のなさ」を証明できないだけでなく、非常に卑劣な方法で作成提出されたものであった。

「国民年金・福祉年金診断書」写は、一九七一年に障害年金をもらうため東京都心身障害者福祉センターで診断を受けた際のものの写である。年金受給のためのものを流用しているわけであるが、そもそも受診の仕方も自由意志ではない。大久保製墁ではこのころ、毎年新しく採用した人をまとめてバスで都心身障害者福祉センターに運び、受診させていたという。その「日常生活能力の程度」の欄には、「家庭内での単純な日常生活はできるが、時に応じて介護が必要である。社会生活はできない」とあり、知能は鈴木ビネー式検査で三〇と記されている。

しかし、Eさんは一九七一年四月以来大久保製壜検査課に勤務し、流し（シングルライナーから横に流れてきたびんを縦に流し、検査しやすくする）と箱づめの仕事を滞りなくこなしてきた。同僚の証言からも、六年間も親元を離れて同じ職場で働いてきたという事実からも、診断書の記述には疑問をもたざるを得ない。

「診断書は福祉年金の関係上〝重く〟する傾向があります」

千葉さんの訴えを人ごとと思えない篠原睦治さんと私は、戸谷豊弁護士とともに、判定の根拠を確認するため、診断書の作成者である大坪哲也医師を都心身障害者福祉センター精神科に訪ねた（一九七七年一〇月二〇日）。

大坪医師は私達との会見のなかで、初めて自分の書いた診断書が目的外に使われたことを知り、「こういう風に使われるのは不愉快であるし、問題がある」とのべた。その理由を「福祉年金の場合、なるべくとりやすいように〝重く〟する傾向がある。ウソでない程度に書かなくてはならないが、考え方として、年金の目的にそって、なるべく不利益にならないように考える」ものであることをあげた。

福祉年金は、障害が重いほど金額が多い。Eさんの場合、これ以上軽くなれば受給額がゼロになる。だから本人も保護者も重くすることを希望する傾向がある。それを受けて、診断者は生活を保障するため重くするのが一般的傾向である。

（それでも同医師によれば、Eさんの知能レベルは精神薄弱判定基準表で三度（中度）で、三度の職業能力は、「指導のもとに単純作業が可能なもの、とくに成人については指導のもとに自分の労働により最低限生活が可能のもの」である。重くする傾向でこうであるから、「男女交際や性行為について社会的に信頼しうる能力を有しない女性である」と断定することはできない。）

ここで許せないのは、保護者を大久保製壜が代行していることである。年金を受給しているものは「最低賃金法」の適用除外になるから、最大限利用してきた。すなわち福祉年金は本人の生活保障のためではなく、会社の障害者差別にもとずく低賃金大系の維持に寄与してきたわけである。そのうえ、重くされたレッテルを残し、他の目的である社会生活能力を低く評価するのだから、不利益は明らかであり、人権侵害と言えよう。

企業にとり入る教師たち

次はもう一つの書証である。

E・Hの件について

昭和四十三年四月五日入学　秋田市立高清水中学校特殊学級一年
昭和四十四年十二月三日転校　千葉市立養護学校二年

昭和四十六年三月十五日卒業　同校
ＷＩＳＣ　言語性　ＩＱ四七
　　　　　動作性　ＩＱ四〇
　　　　　全検査　ＩＱ三六以下

学習について

1　氏名はかけるが住所はかけない
　五〇音　半分だけよめる
　一〇字位はかける
2　教科の学習には全くついていけない

行動について

1　思慮がなく言動が不安定である
2　意志の伝達には不《ママ》自由を欠くため、友達の数は少ない

所見

1　白痴に近いと思われるので特別な施設で教育をうけさせる必要があると思う
2　生理の処理ができない

昭和五十二年四月一日

千葉市立養護学校

実物は千葉市立養護学校の罫紙が使われているものの、記名も捺印もない。内容については知能検査以外いつの時点のことか、誰が記入したか全く不明であるうえ、社会人として生活していくうえで不利なことばかりがあげられている。なぜ学校がこんなことをするのであ

ろうか。
篠原睦治さんが弁護士とともに千葉養護学校を訪ね、三人の教師に面会し疑義をただしたところ、組合弾圧に奔走する会社側の要請にもとずいて、卒業後一度もあったことのないEさんについて、転校前のものも含め、年度を問わず、なるべく劣っている記録を集めて、あたかも現在のことであるかのようにした虚偽の書証であることが明らかになった。三人の教師はさきの書証の記録がどこから採ったものであるかを、次のように記した。

E・Hについての説明

知能検査　四三・五・二五　高清水中学校

学習について

1　昭和四十四年度・四十五年度の本校の指導要録より転記
2　昭和四十四年度　高清水中学校の指導要録より転記

行動について

1　昭和四十四年度高清水中学校の指導要録より転記
2　昭和四十五年度本校の指導要録より転記

所見

1、2　昭和四十四年度高清水中学校の指導要録より転記
以上は、要録のおのおの一部の転記であって全部でない。

卒業以降同人の生活状況については不明である。

昭和五十二年九月二十九日

千葉市立養護学校教諭　○○○○
〃　　　　　　　　　　○○○○○
〃　　　　　　　　　　○○○○○

同じころ、私が秋田市立高清水中学校長に手紙で問いあわせたところ、文章に若干の要約はあるが、指摘の記録が同校の指導要録であることを認めながら、あくまでも当時のことで、事件当時には相当の向上があったと思われるということであった。

このように問題が多いものにもかかわらず、二つの書証は「白痴に近い」「特別な施設での教育が必要」「生理の処理ができない」等をつなぎあわせて、裁判官にEさんがいかに無能な女性であるかを印象づけることに成功している。

私たちはここで、卒業生を採用してもらった大久保製壜にとり入り、このような書証を書いた千葉市立養護学校の教師のあり様を問題にしないわけにはいかない。卒業生の進路一覧によって教師は評価される。特に養護学校では卒業時点で一人でも多く就職させようと授業時数の多くをその指導に当ててきた。Eさんもそのようにして就職させたのであろう。それでも就職したEさんとつきあいを続けていれば違う立場で書いたであろうに。

また二〇年間保存され、外部証明の原本となる指導要録にこのような記録を残す制度も問題にしたい。生徒指導要録は、学校教育法施行規則により校長が作成すべき表簿であり、生徒の学籍ならびに指導の過程、および結果の要約を記録し、生徒の指導の資料とするとともに、外部に対する証明等のため役立たせる原簿としての性格をもつものである。

そもそも指導要録が、学籍の記録（表）と指導の記録（裏）という全く性格の違う二つが一体になっていることが基本的な問題としてある。すなわち指導要録の裏にあたる指導の記録は、本来生徒の学力と進路の保障に責任をもつ教師が、自らの任務をはたしていくため、あるいは引きついではたす者にとってのみ必要なもので、外部への証明という性格はない。とくに所見欄や備考欄などの記述はきわめて教師の主観が入りやすく、問題現象のみを書かれ、差別的な証明に使われることが少なくない。本件の所見の「1、白痴に近いと思われるので特別な施設で教育をうけさせる必要があると思う」「2、生理の処理ができない」がまさにそれである。

なお、「白痴」という用語は当時、すでに使われていなかった。一九六三年失効する次官通達「教育に特別な取扱いを要する児童生徒の教育措置について」にその語があるが、その判別基準によれば、白痴は「言語をほとんど有せず、自他の意思の交換および環境への適応が困難であって、衣食の上に絶えず保護を必要とし、成人になっても全く自立困難と考えられるもの。知能指数による分類によれば二五ないし二〇以下」とある。六年間も大久保製壜で働き続けたEさんには全く考えられない表現であり、記録者である教師自らが実施した知能テストからもいえない表現である。また、生理の処理については初潮間もなくは困難なことがあった、というだけのことである。

（――大阪市では、過去の指導要録を点検するなかで、その記述が差別証明に使われるおそれがあるとして、一九七一年から七三年にかけて、学籍の記録と指導の記録をきり離す形で様式の改訂を行なっている。）

最高裁は会社の障害者差別・不当労働行為を結果として擁護した

結果として、私たちの千葉さんとEさんは相思相愛の仲であったという証言や、千葉さん解雇が組合の弱体化を意図したものという証言は採用されず、「Eさんが判断力に劣り、強い抵抗を示さないのに乗じて、自己の性欲を満足させるために行なった一方的行為」であるから処分を無効とすることはできないとして、一九八四年四月、東京地裁判決は千葉さんの訴えを棄却し、一九八五年六月、東京高裁もこれを追認した。さらには一九八五年二月、筋を通した千葉さんの上告をもこれを棄却した。

理由に「ひっきょう原審の専権に属する証拠の取捨判断、事実の認定を非難するものにすぎず、採用することができない」という。

司法の反動は明らかであるが、八年にわたる訴訟のなかで残念でならないのは、Eさん自身の主張をきくことができなかったことである。千葉さんはもちろん、支援に連なる私たちは、せめて直接Eさんに会いたいと望んだが、Eさんは事件後直ちに会社側に隠され、その後は会社側の意をうけたEさんの両親に拒まれ、はたすことができなかった。そのため東京地裁における篠原睦治さんと私、高裁における山川宗計さんのいずれもが、Eさんと一面識もないまま証言に臨まなければならなかった。このことが残念ながら、証言の迫力をなにがしか弱めたことは否めない。

いまEさんは、施設暮らしのなかですっかり施設の人になってしまっているという。Eさんはその人格まで閉じ込められているようである。

さらに残念なことは、千葉さんの権力に対する抵抗と迎合の間を往来する揺れである。―天皇制国家秩序の下でより抑圧された障害者として生きる中で身につけてしまったことで健常者である私が言うことにためらいを感じるが、そうした折々の障害者の媚が障害者差別を助長してきたことも事実である。

一九七七年三月一四日、会社側はデートから待ちかまえて愛撫行為の一部始終をきき出した。一五日それを知った千葉さんは人事部長に「始末書でも書こうかと思って……」と自分から言いに行っている。課長は鍵をかけ二人だけになっていろいろなことを聞いた。千葉さんはそこでは、やめさせられたくない、別れたくない一心で組合の悪口など余計なことまで言ってしまっている。追いつめられた状況下ではあるが、自己を卑下して相手に媚び、あげくのはてに、会社側が「悪」とすることを自分も「悪」と認めて、早々に「恭順」の証しを立てようとしたのであろう。

組合として解雇撤回闘争を組む中で、千葉さんは労働者としてひらきなおり、先頭に立って闘ってきたが、当時の態度や発言が会社側に利用されたことは否めない。

最高裁判決は、結果として障害者差別や不当労働行為を擁護した。

会社がこの判決にどれほど励まされたか、判決直後正門の縦横二メートルの大掲示板に判決全文を掲示したことでもよくわかる。しかし、東部労組大久保製壜支部の仲間はくじけない。管理が進むなかで、連帯する新労組も結成された。

昨年（一九八七年）一一月六日の覚醒剤事件（長崎宏さんのオートバイに覚醒剤を隠して逮捕させるという会社側の謀略による事件）は、なりふりかまわぬ会社のあせりでもあろうが、はからずも会社の正体を世間に明らかにする結果になった（会社側の度々の不当労働行為は、すでに都労委闘争等でも明らかになっている）。

きょうも東部労組大久保製壜支部・大久保製壜所新労組の仲間は闘っている。いずれは最高裁判決のあやまりも明らかになるであろう。

障害者差別の限りを尽くしながら福祉社長を自称する前社長大久保実は千葉県船橋市に精神薄弱者更生施設大久保学園を設立した。一九七二年一一月常陸宮・同妃を招いて開園式を行なった。
その案内パンフの目的に、

「この学園は、満一五歳以上の精神薄弱者で、将来社会生活ならびに同活動に参加できる見込みの者を入園させ、集団生活をとおしてこれを保護し、加えて諸種の指導および訓練を実施して社会適応性を培養するとともに、さらにはこれを向上させて社会的更生を期するとともに対象者の福祉の増進を図る。」

とあるが、身辺自立のできた比較的軽度の精神薄弱者を選んで採り、公的援助の中で自社の労働者としての訓練をしている。職業訓練の場には本社工場のおさがりの機械が使われている。

（季刊『福祉労働』39号　一九八八年夏）

第三章　障害者を排除し続ける学校

学校行事と障害児

私は「障害児を普通学校へ・全国連絡会」の世話人をしているので、日常的に障害児の親からいろいろな相談を受ける。その内容の多くは、「障害に応じた養護学校や特殊学級に行くようにと学校からいわれるがどう対応したらよいか」というものや、そのような意図によってなされる仕打ちについてである。

それが際立つのが儀式や行事の前である。

朝日歌壇（一九九〇年四月一五日）に、

障害児は卒園式になじまずと自宅待機の通知とどきぬ（桑原元義）

という一首があった。はや幼稚園さえもである。否幼稚園だからである。意義はともかく馴染ませてから教えようというのだから、早いほうがよいにきまっている。新幼稚園育要領には環境の領域に「幼稚園内外の行事において国旗に親しむ」とある。小・中学校にさきだって一九九〇年四月から実施されている。歌はその直前の卒園式である。

おそらく日の丸を掲げ厳粛な卒園式をめざしたのだろう。中に一人でも、厳粛なふんいきに乗れない子や遅い子がいて、列を乱したり、声を立てたりすると、まわりの我慢している子やかろうじてついて行っている子がほっとする。途端に和やかなふんいきになる。その和やかさが許せない。だから排除する。

つくられた形に従順に焦点をあわせ、幼い子が並び、立ち、歌う姿を教師たちは、権力に従うおのれにけなげに従うものとみて満足しているのであろうか。

それが運動会となると、儀式的な要素に集団演技や競争的な要素が加わるから大変である。一部には日の丸・君が代の強制を機に論議を深め儀式的要素や競技的要素を減らし、障害をもつ子も遅れた子も共に楽しめる地域の学校の運動会をめざすとりくみも進んでいる。世界の趨勢としてはその方向に進んでいるが、日本の現状では、文部省の分離政策とも相俟って、じっとしていられない子や遅れた子や障害の重い子は排除されることが多い。見学を強いられたり、親の付添いを要求されたりする。

そんな仕打ちに怒る親子の抵抗も絶え間ないが、学校・教育委員会の権威の前に立往生しているケースも跡を絶たない。

それでも、地域の子が地域の学校に通うのは当然なのだから、ひらきなおって居続けるべきであるが、耐えられず併設されている特殊学級に変わる子もいる。

特殊学級は「能力」に応じた所だから安穏かというとそうでもない。たしかにクラスの中では一息つくことが出来るかもしれないが、教室を一歩出ればそのクラスに所属することで学校中の蔑視のまなざしを受けなければならない。そういう普通学級との関係で運動会に参加するのは大変である。多くは親学級とか原学級とか呼んでいる交流先の普通学級に交じって参加するが、劣っているからこそ分けられた子どもが、交流先の学級に入って対等にできるはずはない。特に国体をまねた入場行進や開会式では目立ってしまうし、クラス対抗競技等でも遅い子はいやがられる。それでは子どもたちも心細いからやはり特殊学級だけまとまろうということにもなる。特殊学級だけまとまって一目でそれとわかるようにして参加すれば遅くてもへたでも拍手が贈られたりする。分際をわきまえた者——社会の秩序（天皇制）を乱さない者への拍手であろう。

しかし、それでは出番も少ないし、気がねもあるので、特殊学級だけ集まってのびのびと楽しい運動会をやろうと始まったのが特殊学級連合運動会である。そこではみんなといっしょではついていけないといわれる子やビリになる子が選手代表になったり一等になって表彰されたりする。身障者スポーツ大全のいわれと同じであろう。

その他、特殊学級連合学芸会とか、特殊学級連合遠足とかが行なわれているが、みな同じ発想からである。第三七次日教組教育研究全国集会（一九八八年札幌）の障害児教育分科会に沖縄県から出されたレポートの一つは、読谷村からのもので、五つの小学校特殊学級生が集まってゲームをやって楽しかったというものであった。各学校の特殊学級の在籍児は三〜四名で、何をやっても盛りあがらないからだという。どの学校にも普通学級にたくさんの友だちがいるのだけれど、そこでは相手にして貰えないからだという。分離のあやまりに気がつかず、より分離を進めている。

能力によって分ければ、当然特殊学級からも排除される子が出てくる。障害の重い子は障害児だけの、盲・聾・養護学校に措置される。そこは障害児のための学校だから、普通学級の子どもたちから白い眼でみられたり無視されたりするようなきわどいことはおこらない。安穏といえば安穏だが、学校ぐるみ差別されているのだから悲劇である。小じんまりした校庭に言葉や動きの少ない子どもたち。その分ルールを緩和し、飾りをふやし、職員が活発に歌い踊る。そしていろいろな肩書きを持つ来賓があわれみにやってくる。皇族が障害者の施設や養護学校を見舞うのと同じ心理であろう。日頃のつきあいはないその人達は障害児が足をひいて走っただけで感動し、涙を流して、けなげだと称える。足をひいて走るのは、その子にとってそれが当り前の走り方でしかないのにである。

あわれむ人とあわれまれる者との関係を保っている限り、美談が生まれ続けるが、共に生きる関係は生まれない。

注　特殊学級
学校教育法第七五条に、小学校・中学校・高等学校には特殊学級を設けることかできるとあるが、実際には小学校・中学校にのみ設けられている。文部省の通達によれば、軽度の障害児を対象にしているが、実態は地域や学校によりまちまちである。教育委員会の就学指導では「少人数で行き届く」といわれるが、学級定数が一二名なので、学年に関係なく一学級にまとめられ、一〜二名の教員が配置されているだけでふれこみとは違う。教員も、給料に七％程度の調整額がつくのだけれど、それでも希望者が少なく、新任者や定年間近な人に因果をふくめてなって貰ったりすることが多い。普通学級で問題をおこした人が当てられる場合もある。

特殊学級という名称がよくないということで、関西では早くから養護学級とよばれてきた。最近では全国的に心身障害児学級とよばれることが多い（校内では普通学級に続けて七組とかG組。小学校では仲よし学級とか若竹学級などふしぎな名前のついている所もある）。養護学級はまだしも、障害児学級といえば入級している子どもを規程することになるのであまり使いたくない。私がかつて担任した生徒は、はっきり読めないにもかかわらず、教育委員会からの文書の「障害」という文字を指して「これ私のこと？」と悲しそうにきいたことがある。障害・障害者という言葉は障害者自身が武器として使うのはいいが、健常者が一方的に押しつける言葉ではないと思う。

特殊学級という文部省用語はたしかによくない。しかし特殊な学級であることは事実である。存在そのものが問題なのだから、それを明らかにし、なくすべきものとして、私は特殊学級といい続けている。

注　養護学校

精神薄弱児・肢体不自由児・病弱児のための特別な学校の総称で、一九七九年文部省が都道府県に設置を義務づけた（一般に養護学校義務化といわれる）ために急速に増え、一九八九年現在全国に九三八校もある。当時養護学校の設立が未就学状況にある障害児の教育を保障するものであるかのようにいう人々がいたが、減少した就学猶予、免除者に倍する人数が普通学校から養護学校に排除された。

教育課程は、「盲・聾・養護学校指導要領」によって各教科、道徳、特別活動、養護、訓練の四領域で編成されているが、子どもの状況によって柔軟に編成するようになっているので、ほとんどの日程を、養護・訓練と称するもので過ごす場合もある。

教育委員会の熱心な就学指導にもかかわらず、世界の流れに逆行する分離教育を拒む例がふえ、どこの養護学校も繁盛はしていない。

ちなみに特殊教育諸学校（盲・聾・養護学校をまとめて文部省はこういう）と特殊学級に在籍する子どもは、一九八一年までは全学齢児の一・二％、一九八二年からは一％であったが、一九八八年度からは〇・九％になっている。

何とか繁盛させようという企《たくら》みであろうが、今文部省は普通学級在籍のまま必要な時だけ障害に応じた教育をするためとして通級学級の増設をもくろんでいる。

また、高等学校が適格者主義を取り、障害を持つ子や遅れた子がやむを得ず養護学校高等部に進学している現実につけこんで、養護学校高等部の能力別設置も企《くわだ》てている。

参考　義務教育段階の状況　　2017年5月1日現在

児童生徒数	9,874,138 人	100%
支援学校在籍者	71,802 人	0.7%
支援学級在籍者	235,487 人	2.7%
通級指導を受けている者	108,946 人	1.1%
就学猶予・免除を受けている者	39 人	0.0004%
支援教育を受けている者		4.2%

養護学校義務化

戦前の日本の障害児に対する教育は一八七二年学制に「廃人学校アルベシ」と規定されていたが、ほとんどかえりみられることはなく、わずかに盲・ろう児が対象にされてきた。一九七九年養護学校義務化の年が「特殊教育一〇〇年」として、全国特殊教育連盟が中心になって記念事業を行ない、記念切手まで発行されたが、これは一八七八年に京都盲唖院がつくられ、翌年府立になったことから数えてのことである。

一九四一年国民学校令施行規則で「身体虚弱、精神薄弱ソノ他心身ニ異常アル児童」のための養護学校・養護学級を設置できることを想定したが、当時の人手不足・物資不足もあってほとんど実現しなかった。

戦後は、一九四七年学校教育法で障害者教育の義務制を規定したが、盲・ろう学校だけ一九四八年から実施したが、その他の障害児学校については実施の時期を示さなかった。このことは考え方としては戦前も同様であるが、労働力になり得るものだけを対象にしたということである。しかし、この段階では受け皿がなく排除の規定があきらかでないので就学猶予や免除の手続きをしなければ、地域の普通学級に就学できるしくみであった。就学猶予・免除は保護者の願出によって教育委員会が許可するものである（実態としては、制度としては出願制であるにもかかわらず、強制する教育委員会も少なくなかったが）。

一九七三年文部省は、都道府県に養護学校の設置義務を一九七九年から実施する政令を公布した。東京都は一九七四年から先取り的に実施した。養護学校義務化は就学猶予や免除で在宅している子どもたちに教育の場を保障するもののような宣伝が行なわれたが、実はそれに倍する子どもたちが普通学級や特殊学級から排除された。すでに一九五八年の指導要領の基準化や文部省一斉学力テストの実施で落ちこぼれをつくり排除の思想が行きわたっていた。そのことは、かつて『朝日ジャーナル』連載「学校をひらく」①〜④に論じた（それを以下に収める）。

具体的には、実施時期が近づくにつれ、該当者さがしが教育委員会や管理職によって熱心に行なわれた。「普通学級の〝爆弾〟はその一例である。

ふりわけのめざすものも、「養護学校への道」のように露骨に示された。「小学校への関門」のように就学相談はまるで親子をペテンにかけるようにして行なわれた。このことは運動のない所では今も続いている。

学校の教師たちの多くがふりわけを支えた。「子どもを拒む教師」のように。

このような状況の中、全国各地で広範な養護学校義務化阻止闘争が組まれた。障害者自身の立ちあがりもめざましかった。その中には養護学校にしか行けなかった障害者もいた。養護学校にも行けなかった障害者も多かった。結果として、養護学校義務化を阻止することはできなかったが、一定の成果をおさめ、教育委員会のふりわけを断わって地域の学校に就学する道を細いながらもひらいた。

一たん養護学校には行ったものの、その差別性に気がつき地域の学校への長い闘いをした東京の金井康治君や奈良の梅谷尚司君の闘いが励ましたものも大きかった。

普通学級の〝爆弾〟

（「朝日ジャーナル」連載「学校をひらく」① 一九七八年六月二日）

〝普通学級に「障害児」がいると、どのような支障があるか〟という調査が、このほどまとめられた。東京都公立小学校長会による「普通学級における重度心身障害児の調査」がそれである。調査に当たった校長たちが握って離さないので、まだ一般の教師や、調査の対象になった児童の父母たちの目には、あまりふれていないようだ。七九年度の養護学校義務化をひかえて、興味ある資料なので紹介しておきたい。

この調査は、「最近の全都的な傾向として、普通学級に重度心身障害児の就学が著しく増加し、学校経営や学級経営に困難な問題を生じている」という現状認識に立ち、「普通学級に入級している重度心身障害児について、どのような点で特に困難を感じているかを中心にして、その具体的な事例を記入していただき、心身障害児の適正入学のための一助」としたい、という。これを読み直せば、「『障害児』が普通学級にいれば必ずまわりに迷惑をかける、また本人にもマイナスなのだ。『障害児』にとって普通学級はふさわしくない場所だという事例を集めて、特殊学級や養護学校に送りこもう」ということになる。調査は次の項目について行われている。

①障害の種類

集計結果は、精神薄弱三五、肢体不自由六〇、病弱一六、盲三、弱視九、難聴一九、言語障害七、情緒障害八八、その他三五、重複障害一三九、計四一一となっている。普通、「精薄児」は肢体不自由の三倍いるとされているのに、この調査では半分しかいない。「精薄児」が普通学級に入学することの難しさを示している。

②障害の程度

「類別事例」に、知能測定不能、情緒障害でも片時も目を離せず……などの遅れぶりが、「切々と」書かれている。

③就学時の教育相談の有無

この調査の意図がよく現れている項目である。八六人（二〇・九％）が教育相談を受けずに普通学級に入ってきたことに対し、「総合的、科学的な判別を行って適正な就学をすすめなければならない」と批判し、二〇％が0になるまで「親を啓蒙」しなければ、といきまいている。

④学校経営上、学級指導上などで特に困難を感じている項目

回答は、学級指導上三七二、生命の安全確保二一四、保護者との関係八〇、学校経営上七三、施設設備上六人の順になっている。「学級指導」とは、クラスの他の子の邪魔になるということであり、「生命の安全確保が不安だ」とは、もしもの時に自分のクビが心配だということである。

⑤具体的な事例

担任教師の資料などをもとに、校長自身が記入している。これが校長といわれる人の言葉かと疑いたくなるほど、非教育的な言辞であふれている。具体例をあげてみよう。

▽S区・男・三年。教科指導はほとんど成立せず、指導要録には五段階で一と処理されているが、学力は（知識といってもよい）二、三歳程度。

▽M市・女・二年。家庭の協力が唯一の頼りになるのに、親の構えが悪く、ずいぶん損をした。

▽S区・女・三年。終始、親切と称して該児の世話を強要される子どもたち自身の学習受益権は、どう保障されるのか。父母の怒りは爆発寸前。

▽A区・男・一年。小一として、ものの善悪の判断が著しく劣る。もちろん、学習する状態ではない。

▽H市・男・二年。母親が普通学級入学をゆずらず、次の条件つきで入学させることにす

る。①親が毎日付き添いをする、②不測の事態には引き取る、③必要に応じて通院する、④一年後、就学相談を受ける、⑤学校に協力する、⑥同学級の子どもの指導の優先をはかる。

報告には二八例しかあげられていないが、調査対象の四一一人すべてについて、この調子で書かれているのである。

さらに、「調査結果の考察について」は次のようにいう。「常に爆弾をかかえていて、いつ爆発するかわからないような症状を持つ子どもをかかえる担任の苦慮は想像を絶する」「親の協力、担任、学友の協力……などで、最大限に子どもへの教育効果を高めている例も数多く見られる。しかし、この中のほとんどは肢体不自由児に集中している。他の障害児については、手の及ぶ限界を相当感ぜざるを得ない」。

ここでは、「障害」を持った子どもや親の思いは、全く無視されている。いまようやく、教師たちに差別された側のことばがきこえるようになってきたばかりなのに、何ということだろうか。この攻撃に立ち向かうには、校長の声を圧する大きな声で、「それでもなぜ〝普通〟にこだわるか」を、語っていかなければならない。

（「朝日ジャーナル」連載「学校をひらく」② 一九七八年一〇月一三日）

養護学校への道

養護学校義務化が迫ってくるにつれ、当然のこととして、みんな地域の学校に入ろうという運動が高まっているが、これを圧殺しようという動きもすさまじい。このような行政の対応の強硬さは、あいついで発表された義務化にかかわる法令や文部省の指導をたてに、一層エスカレートしてきた。

八月一七日、各新聞は知恵遅れの子どもの就学先判別に使う「発達診断表」なるものを報じた。文部省の諮問機関である「特殊教育に関する研究調査会」の報告の付表であるが、文部省はこれを各教育委員会に送り、ＩＱ（知能指数）とあわせて使うように指導している。

ＩＱはいまも厳然と教育現場を支配しているけれども、ＩＱだけで子どもを判別することの不当性は、すでに周知の事実である。どの学校に就学させるかをめぐって親とのトラブルをさけるために、より説得力のある資料を求める教委側の要求に応じて出されたものが、「発達診断表」である。身辺自立、運動機能、社会生活の三領域に分かれ、それぞれの領域で、たとえば三歳児だったら、食事は「スプーンを使って一人で食べる」ところまでできる等の平均ラインが示され、できない子は、特殊学級や養護学校で教育をうけた方がよいという判定になる。教育とはできないところから始まるはずなのに、ここには、子どもの個性や環境を全く無視した「期待される子ども像」が描かれ、できなければはじき出す仕組みが作られている。

そもそも判別に、納得できる科学性などあり得ない。この表は、判別という仕事はすべて〝判別者の都合〟で行われるものであることを、自ら暴露している。

しかし、ＩＱを信仰する教師たちは、ＩＱを免罪符に〝遅れた〟子どもたちから手をひいてきた。この表は、このような教師たちにさらにもう一枚の免罪符を与えることになる。放っておいたら養護学校や特殊学級にやられる子どもは、来年度から飛躍的にふえるだろう。なぜなら、この表に照らしあわせさえすれば、痛みを感じることなく子どもを追い出すことができるのだから。

また八月一八日付官報は、学校教育法施行令、同施行規則、学校保健法、同施行規則の一部改正をのせた。すなわち、盲・ろう、とともに、精神薄弱、肢体不自由、病弱児の養護学校就学が義務化され、就学先の判別は教委が行なう。いったん養護学校に入った生徒が回復した場合や、普通学級に入った生徒のハンディが明らかになった場合の手続きも明文化した。さらに現在普通学級に在学している「本来養護学校に行くべき子」についても、〝特別な事情があれば〟など若干弾力性をもたせながら言及している。

このような情勢のなかで、「全国連合校長会」を始め、各校長会は義務化にさきがけて「障害児」の追い出しに懸命である。

六月二日号本欄に「普通学級の〝爆弾〟として、東京都小学校長会の「普通学級における重度心身障害児の調査」を紹介した。「障害児」は普通学級には邪魔な存在だという立場から数多くの事例を集め、特殊学級や養護学校に送りこむための調査であった。こんどは特殊学級を併設している学校の校長たちの集まりである「東京都特殊学級設置校長会」が、特殊学級から追い出すべき「重度障害児」の調査を行なった。

同じ「障害」の子や「できない子」だけを集める方法は、管理は容易でも、教育的効果のあがらないことは、これまでの「障害児教育」で立証ずみである。

校長といわれる「教育者」の「非教育性」をつくとともに、いまこそ、実態として、共に学び共に育ちあう場を広めていかなければならない。

（『朝日ジャーナル』連載「学校をひらく」③ 一九七九年一一月九日）

小学校への関門

今年度から養護学校が義務化され、これまで一月に行なわれていた就学時健康診断（以下就健と略す）が、一一月に行なわれるようになった。すでに学齢児をもつ保護者の多くは、その日時、場所等を指定した通知のはがきを受け取っていることだろう。いまは就健の合格者にだけ届く就学通知書だが、昨年までは多くの市区町村がこの就健のはがきで兼ねていたのだから隔世の感がある。それでも、すんなりと入学できる子が大部分なのだから、入学の日が近づいたと喜んでいる親子も多いことだろう。

だが、不安のあまり就健を待ちきれず就学相談の窓口を訪れた人々に対して、就健の通知を出さない自治体も多い。

五月ごろから各地で、就学相談のよびかけが続いた。都や区の公報を使って一般によびかけ、各学校や幼稚園、児童施設等に趣旨の徹底をはかるとともに、親の意思に関係なく、心身に障害あると思われるもののリストアップを求め、教育委員会はそれをもとに保護者をよびだすという方法もとった。

それほど強制されなくても、就学〝相談〟という言葉を文字通りに読んで、窓口を訪れた人も多い。

ところが、行政側は、窓口を訪れる人を、普通学級に入ることが無理だと思うから相談に来た、すなわち養護学校、特殊学級希望者とみなすのである。そして、「就学相談票」に記入させる。保護者は、相談にきたのだから、とこれに記入する。しかし、「昭和五四年度就学相談実施要領」（都教委）の諸様式の説明によれば、就学相談票の記入については、〝養護学校や特殊学級を希望するものに記入を求める〟と明記してある。すなわち就学相談票は養護学校・特殊学級申込書である。だが、この「実施要領」は決して親には見せない。

もちろん、相談の結果普通学級へというケースも皆無ではないが、所見欄には、「①○○養護学校、②○○特殊学級、③相談継続」の三つの項目しかない。だから就健の通知書を出さない、という仕組みである。まさにペテンではないか。かりに養護学校や特殊学級に就学するにしても、せめて地域の学校の教師と出会わせ、教師はなぜ地域の学校で受け入れられないか、親はなぜ地域の学校に見切りをつけるのかを、ぶっつけあうべきである。そのような出会いによって新しい道を模索することこそ、教育という営みではないのか。

ペテンはまだある。就学相談にはいかなくても、就健という関門がある。就健は普通学級に就学困難なものとそうでないものを選別する機関なのだし、教育委員会に実施義務はあっても、就学予定者、保護者に受診義務はない。だから理念としては拒否すべきだと思っても、拒否者には就学通知書を出さない等の報復がなされる状況のなかでは、「障害児」や遅れのめだつ子をもっている場合、なるべく係員や教師の心証を害しないほうがいいのではないかという打算も働く。結局思い迷った末、就健に行く。

就健は多くの就学予定の校区の学校で行なわれている。このところ、就健は学校教職員の本務ではないことを明らかにした上で、差別・選別に使わないようかかわっていこうという傾向が教組や教師の有志の中から出てきているが、すべての教職員に確認されるには至っていない。「知能テスト」をやらない学校もふえているが、多くの教師はめ、ざ、と、く〝遅れた子〟をみつける。そして就学相談に行くようにすすめる。教育相談という言葉を信じてか、あるいはわが手を汚さずふりわけてもらおうという魂胆からのことであろうか、就健の意図を考えれば就学相談をすすめること自体がふりわけであることにすぐ気付くはずである。

O区の例をあげよう。教育委員会は「就学時健康診断の取扱いについて」という文書を各学校に送り、その中の事後措置の②に「病弱、発育不全その他やむを得ない事由のため明らかに就学困難とみられる者の保護者については別紙『教育相談のお知らせ』を手渡し、教育委員会で相談するよう指導し、該当児童については氏名、住所等別添用紙により検査修了後直ちに学務課へ連絡する」よう指示している。ところが保護者に渡す別紙はそんなことはおくびにも出さず、「本日健康診断をいたしましたが、まだ充分わからない点がありました。それにつきまして後日あらためて……」という。文面を信じて相談に行けば道筋は同じである。

相談の結果は、就学指導委員会でいっそう権威づけられる。この段階までくれば覆すことはむずかしい。ましていったん養護学校に入ったものが、地域の学校に戻ることがどんなに困難かは、足立区の金井康治くんの転学闘争がよく物語っている。学齢児をもつ保護者のみなさん、それでもあなたは、就健を受けさせますか。

（『朝日ジャーナル』連載「学校をひらく」④　一九八一年七月一七日）

子どもを拒む教師

このところ続けていくつかの小学校の春の運動会を見た。学校によって趣向は違うが、どの学校にも共通して感じたことは、ずいぶんいろいろな子どもが地域の学校に入るようになったなあ、ということであった。

列からはみだす子、関係ない大声を出す子、ひとりで走りまわる子、松葉杖の子等々である。教師に助けられながらみんなと一緒に競技する子もいた。教師たちは手を出さないが、その視線の先には必ず障害児がいるという学校もあった。

教師が手を貸すことで、何とか運動会の質を保とうとしている学校もあったが、いままでと違った様相を呈している学校もあった。ほほえましい混乱もいくつか見た。

遅れていても、障害があっても、地域の学校でみんなと一緒に学びたいという親子の願いが少しずつ実現しつつあるように思う。

しかし一方、遅れや障害の程度に関係なく就学を拒否されたり、トラブルが続いているケースも少なくない。

このような地域の学校に入りたいという親子とかかわる中で、私にはどうやら最大・最後の壁が見えてきた。その壁とは、養護学校義務制という制度の壁ではなく、施設・設備および学級定数、教師の定員等の壁でもなく、嘆かわしいことに、学校の壁、それも、それを運営する教師の心の壁である。制度の壁も設備の壁も厚いけれど、その学校の教師がこぞって強力に反対した時ほど困難に直面することはない。

障害児は養護学校へと考える教師

一体「障害があるけれど地域の学校へ入りたい」と聞いた時、教師はどう対応するものだろうか。今年度の新入生についていくつかの学校の場合を見てみよう。

ある学校では、当然のこととして地域の学校を望むなら、当然のこととして引き受けようということで幾人かの教師が担任の希望を申し出た。

ある学校では、決して歓迎はしないけれど、それが教育委員会の「適正」な措置ならやむを得ないと言った。

ところがある学校では、受け入れるべきではないと考える人々が先導し、再三教育委員会に「適正」な就学指導をするよう要請した。教育委員会は就学相談に来るようにたびたび連絡したが、親は、「地域の学校に入る相談ならうけたい、すなわち就学通知書をもらったうえでよくみてもらいたい」と言い続け、何回か教育委員会に出向きながら、養護学校や特殊学級への申込書にもなる就学相談票はついに書かなかった。このことは違法でも何でもないのだけれど、法的な期限でもある一月末日になっても就学通知書は来なかった。かわりに「就学相談続行中ですから遅れます」という紙きれが届いた。

それから二カ月、決心のゆらぐ日もあったが、志を同じくする親同士、連絡を取り合ってがんばった。そして三月三一日、やっと若干の条件はついたが、ついに就学通知書を手にした。条件は親たちにその分際をわきまえさせる役も果たしたが、受け入れを拒む教師を説得するためのものでもあった。

この間教師たちは、その子を訪ねることもせず、自分たちの手にあまる子で、他の子の邪魔になるに違いないときめこみ、何としても入れるべきではない、それが当の子どものためでもあるのだという話し合いを重ねた。やがて教師の多くは行ったこともないのに、養護学校こそが最適であると思いこむようになった。

そして、なぜそれでも地域の学校を望むのかと両親に問うこともせず、こんなに拒むのに来るというのだから、きっと何か背景があるに違いない。それは恐らく混乱をねらったもので、東京都足立区の金井康治君の転校を支援しているような「暴力集団」（彼らはそう信じている）に違いないと考えた。「暴力集団」が来るとどういう事態がおこるか、足立区に学ばなければと、康治君の転校を拒否し続けた足立区立花畑東小学校の教師たちがつくったパンフ『暴力で教育は曲げられない』を各自購入して研究した。このパンフは問題解決のいとぐちを教師の権力を駆使してつぶし続けたことを正当化しようとするものであるが、この学校の教師たちはこれに倣った。

すなわち、四月六日入学式当日は「暴力集団」がおしかけてくるはずであるから、花畑東方式に従って、受付には区教委職員の配置を依頼した。そして教師たちは待った。しかし、ついに「暴力集団」は来なかった。途中で見知らぬ若い男性二人があらわれた時、さてはと色めきたったが、これは近所のスーパーの店員で、売場に飾るため入学式のスナップ写真をとりに来たもので、事前に校長の了解を得ていたという。笑うに笑えない話である。

花畑東小の場合、全教職員が一致して康治君排除に奔走し、学校に来れば「学校には措置権」がないと言って校門に鍵をかけて拒みながら、教育委員会と両親が転校を見込んだ確認書を交わせば「現場無視」と執拗にくいさがり反古にしてしまい、四年もの間膠着させた。このように、全員が一致して学校権力をかさにきて、事に当たれば、子ども一人を排除することは容易である。

一方で「障害者版中流意識」が……

しかし、この学校の場合、幸いなことに、花畑東小の教師集団に学ぼうという教師ばかりではなかった。だから教育委員会は、就学通知書を出すことができ、Aちゃんも Bちゃんも入学できた。一人の教師が引き受けざるを得まいと言い、Aちゃんを担任した。他校から転任してきた別の教師がBちゃんを担任した。AちゃんやBちゃんの受け入れにいまも反対を続けているこの学校の大部分の教師は、入学して二カ月もたつのに、まだ一度もこの子たちにも、介助の母親にも声をかけないと言う。もちろん教室を訪ねることもしなければ、担任した二人の教師とAちゃんやBちゃんの話をすることもないと言う。

それでいてこの教師たちは、このほど行われたこの地域の教職員組合の大会で、「どの子も共に学びあえる地域の学校づくりをめざそう」という方針案に反対して、養護学校や特殊学級の充実や就学指導委員会の充実を訴えた。方針案は、地域の子どものすべてを地域の学校が受け入れられていない現実に目を向け、どの子も安心して入ってこれる豊かな地域の学校づくりをめざそうというものであったが、何としても発達段階に応じて分けようというのであった。――もちろん少数で否決された。

これからも、障害があっても遅れていても、むしろ障害あるからこそ、遅れているからこそ、地域の学校で共に学びたいという親子はふえ続けるであろう。

障害児であろうとなかろうと他の学校を希望しない限り、学区の学校への就学を妨げるものはないはずであるが、これにどう対処するのか、地域の学校の質が問われる時である。

養護学校が障害児にていねいな教育をするところだという宣伝はそれなりに浸透し、地域の学校には一瞥もくれず養護学校に通ってしあわせな親子がいる（私は障害者版中流意識とよぶ）中、教育委員会の振り分けに抗して、ぜひにと選ばれたことは、地域の学校としてはきわめて光栄なことである。教師はその信頼に全力をあげて応えるべきである。

その時、もしかしたら学校は本来の機能を取り戻すかもしれない。

〝障害児が群れてくるのは困ります〟

一九七三年三月五日、東京都の美濃部知事は、都議会で「心身障害児の教育均等をはかる」と表明した。これを受けて教育長は「就学希望者を全員入学させる」と発言した。これにより文部省の養護学校義務化を五年も先取りする東京都の「全員就学」が実現し、他県にさきがけて次々に養護学校が設置された。

都民党と自称して登場した美濃部知事は、環境問題等において都民の側に立った施策を取ったと高く評価する向きもあるが、対症療法的、思いつき的であったため問題も残した。いまなお「美濃部都政の到達点と限界」などと云々される所以である。

全員就学というと、全部の子どもが希望する学校に入れるように読めるが、そうではない。養護学校を希望する障害児を全員、障害に応じた学校に受け入れるというものであった。東京にはその創立が〝美濃部さんの一声〟による養護学校がいくつもある。

その一つである一九七四年矢口養護学校の建設には、地域町会、商店会等の激しい反対運動が起こった。矢口地区は、その一〇年程前の多摩川清掃工場建設の際も猛烈な反対運動のあった所である。

「精薄養護学校は町のイメージダウン」

「ゴミ焼場、精薄養護学校、つぎは火葬場か」

といった調子のむしろ旗や看板が武蔵新田駅前から商店街に並んだ。

私はこれ以上子どもを分断する養護学校をつくってはならないと主張していたが、この言い方には怒りを覚えた。当時私の所属していた都教組大田支部は養護学校義務化に対して立場を明確にしていなかった。私は都教組大田支部に〝養護学校は建設すべきではないが、それは地域の学校で共に学ぶことでしか解決しないのではないか〟という情宣をすべきだと訴えたが、理解は得られないどころか地元町会・商店会に対する怒りばかりが盛りあがり、建設促進の立場をとりかねない状況になった。

間もなく〝養護学校は障害児に豊かな教育の場を保障する所だ〟主張する人々がビラまきや署名活動を始めた。それに対して「教育を考える会」の人々が、〝養護学校は子どもを地域から分断するものである。すべての子どもが地域の学校で学ぶことをめざして、養護学校建設に反対しよう〟という趣旨のビラまきや戸別訪問を始めた。私はこの趣旨に全く賛成であったが、ラジカルに問題を提起していく「教育を考える会」に対しては、以前から都教組大田支部の役員の中に反発があり、私は行動を共にすることにプレッシャーを感じた。

それでも、じっとしていられない私は、夜な夜な矢口地区を一軒一軒訪ねて歩いた。その中には障害者と言われる人もいた。その隣の商店主は「隣の娘さんはちえ遅れです。時々困ったことをします。困った困ったと言いながらつきあい続けています。けっして何処かへ行きなさいとはいいません。それはもともと隣の娘さんだからです。この間もマッチをいたずらしたのですが、すぐ気がついた人がいて大事には到りませんでした。私がこの養護学校建設に反対するのは、わざわざよそから障害者だけが、えりにもえって私たちの地域に集まってくるからです」と言う。

その後何人かの人から同様の意見をきいた。私は、その人々が障害者に対して深い理解を持っているわけでもないし、不安定要素も抱えているが、現に地域に生き続けている人に対しては素朴な感情として、けっして排他的ではないことに気がついた。

大田区内全域（小学校校区は六三区もある）および世田谷区や目黒区の一部から、ちえ遅れと言われる子どもだけを選びだして一カ所に集めることはどう考えても不自然なことである。不自然な形で群れてくることに地域の人々が反対するのは当然のことである。――できた東京都立矢口養護学校は、当初こそ毎年就学児が一〇名前後いたが、このところ数名という状況である（ゼロの年もあった）。中学部一年生は一〇名前後、高等部一年は六〇名と盛況である。地域の学校の排除が学年を追って進む。その子たちの受け皿になっていることを如実に物語っている。

第四章

「健康」もスポーツも人間のものでなくなった

「健康」もスポーツも人間のものでなくなってきた

「国体」というと、国民体育大会よりさきに「国体護持」の「国体」をイメージしてしまう世代であるが、そのとき「日本の国体は」ときかれて「はい立憲君主国です」と直立不動の姿勢で答える小学校五年生の自分の言葉を反芻している。

そして、国民の名を騙《かた》った「体育大会」がかつての「国体」（それは天皇制国家に帰一する共同体幻想であった）と「国体」を一体化する役割をはたしていることに怒りを覚える。天皇・皇后を迎え、君が代を歌い日の丸を掲げ、天皇杯・皇后杯を下賜する。しかも一九六一年ごろからは競技以外の分野での自衛隊の参加も堂々と急速にすすんでいる。まさに「国体」はかつての「国体」である。

医学がどうなったところで、すべての人の健康を予測することはできない。むしろ幅をきかせてきた「予防」と称する管理のために心身に傷をうけたり排除されたりすることも少なくない。

健康を善として、あるべき人間像の条件に健康を掲げ、瞬時の状況をみたり、測ったりして、評価することは愚かなことである。

私は当時としては珍しく人工栄養で育ったため、年齢に比して著しく大きかった。某新聞社主催の赤ん坊大会にすんでのところで入賞するところであったが、たまたま蚊に喰われたあとがあったためのがしたそうである。しかし、もともと私は虚弱児であった。従って体を鍛えるというよりはいかにエネルギーを使わないかという生き方をしてきた。余裕のある時は歩くか泳ぐかだけであった。

スポーツは全くできない。見るのも興味がない。野球のルールさえよくはわからない。小学校の徒競走でビリなのに、あとに誰かいないかとふりむきながら走った話が残っている。でも、いま、イザという時の逃げ足は誰にも負けないと思う。終バスがなくなればタクシーを待つより歩くことが多い。

こんな私のひがみでいうのであるが、なぜコンマ以下の速さや高さが競われるのだろうか。曲芸のような身のこなしが人を救うとも思えない。

そう思いながらも以前は人サマのなさることだからとやかく言いはしなかった。

万事のろまな私には、むしろ人々がスポーツにうつつをぬかすことがありがたくさえあった。日常生活でも仕事でも、なかなかみんなと歩調があわない。さいわいなことに多くの人はせっかくの休みにスキー場やゴルフ場にでかける。競技場に出向く。わざわざでかけなくてもテレビにかじりついたりしている。そのいずれにも興味のない私は、その間に追いつくというわけであった。

人の苦労も知らないで「お元気ですね」と言う人がいる。〝年にしては〟が省略されている。

（この〝年にしては〟はくせもので、けっしてほめ言葉ではない。女にしては、子どもにしては、障害者にしては、の〝しては〟である。分際をわきまえるべき人、すなわち人権に制限のある人に言う言葉である。これにまず怒らなければならないが……）

適当にあいづちをうつと「何をやっていらっしゃいますか」とくる。健康法、あるいは続けているスポーツは何かと言うのである。でも即座に「スポーツをやらないからです」と言う。すると相手はたいていそっぽをむくが気にしないできた。人サマのことだからであった。ところがどうも人サマのすることではすまなくなってきた。私ののろまはひらきなおって棚にあげる。

どうやら、スポーツや健康は、人のからだやこころの問題としてより経済的あるいは政治的な価値が重視されてきたようである。

最近の日本の科学技術の開発の先端の多くがスポーツ界であると言う。

身近なところにも被害は及んできた。二人の友人に体験を報告してもらう。

〈レポート①〉

からめ取られた意識を取り戻す
――「国体」「身体障害者スポーツ大会」のまやかし

佐野　公保

闘いの落差を感じながら

山梨県での国体、いわゆる「かいじ国体」と、それに続いての「身スポ」、正しくは身体障害者スポーツ大会が行なわれてほぼ一年がたった。「ふれあいの輪を拡げよう」をスローガンにしていたとはいっても、もともと二つの大会のもっている意図を考えてみるならば、それはまやかしにあふれた危険なものであったことは明らかだった。おりしも、今年の沖縄での国体開催で、明確に天皇の訪沖にノーをつきつけ、「日の丸・君が代」に抗議してすわり込んだ沖縄の闘う人びとの話を伝え聞くなかでは、それに対しての闘いの落差を感じずにはいられない。それゆえ、ここでこの山梨の私たちにとって、それは何であったのか、そして、これからのなかでどうしていったらいいのかを考えてみたい。

ただし、国体にまつわることそのものについては、私の知り得ていることはそれほど多いわけではないし、それについてこまごまと述べることはできない。ただ、二つの大会がいろいろと抱えながら行なわれたことの意味を考えてみたいと思う。

駆り出された子どもたち

山梨県教職員組合の『86教育白書』においては、次のように報告されている。

「国体本番の年度のため、昨年度に比べ約二三%増の八三・二%の小・中学校が国体にかかわる練習や作業を実施している。授業に影響があると答えた学校は昨年より一一・五%に《ママ》増え半数近くなり、一週に五時間以上に及ぶ学校も五・五%ある。影響はないと答えた学校でも、早朝や放課後、土曜・日曜に実施されており、児童・生徒や指導する教師に対する荷重は大きいものがあると言える。」

ここでも指摘されているように、授業のみならず、本来自発的、自主的に自分の時間として使われるはずの時間が、言わば強制的に押しつけられたのである。そして、競技の会場となった各市町村のほとんどで、子どもたちは集団演技、マーチングバンド、ブラスバンド、聖火リレーといったことに駆り出されたのである。そんななかで、例えば次のような話があった。

中学へ行ってだいじょうぶか

ある小学校では、すでにその鼓笛隊の六年生たちが、五年生のときから丸二年かかっての練習がつづいているということであった。練習時間を音楽や体育の授業の一部にくり入れるとともに、クラブ活動もそれにあてる。さらに、本来なら五、六年が行なう委員会活動をも、一年目はすべて六年生に、二年目、今度はすべて五年生にまかせて、その時間も練習にふりむける。結局、委員会活動はしないまま中学へいくのである。さすがに、この話をしてくれた先生も、「この子たち、中学校へ行ってだいじょうぶだろうか」と心配していたのだが。

しかし、その心配も「小学生でも、やればこんなにできるんだな」という声の前ではなかなか表に出すわけにはいかないし、たとえ出したとしても、その声に押さえこまれてしまうのである。このようなことは多かれ少なかれどこの学校にもあり、そして、そのような子どもたちがこの四月に中学校に入って少しして、「この子たちのときの入試は大変だ」という声があがりだしたという。学力の問題うんぬん以前のこととして、その影響がいかにあったかを示しているのではないだろうか。

参加したくないけど、差別は許せない

そんな様子のなかで、急に国体の一年前に町の国体室からある学校に持ち込まれた集団演技の案は、児童を六年生の中から選抜して行なうというものであった。さすがに、それでは子どもたちの中に格差をつけることになるということで、採用されず、するならば全員参加でやってくれと要求していった。全員が出ることになるのだが、そのとき気になっていたの

はM子のことだった。普通学級にいるが、特殊学級があればそこにと言われて来た子どもだった。練習をするなかでも、何度か、M子をどうする、という話が出たという。しかし、全員参加でという先生たちの意見があり、当日、M子はうまくいかないところもあったが、ちゃんと演技に参加した。それでも、厳しい練習のなかでしばしばどなられたりすることもあり、どうしてこんな思いをさせて国体に参加させねばならないのかとも思い、一方で、くやしいが一緒に参加させてよかった、と複雑な思いであったという。

　こういったことから考えたとき、たとえば特殊学級に入れられている六年生は、他の学校ではどうだったのだろうか気になる。しかし、こんな話の実態を調べることはとてもできなかった。どこの学校も、それだけのめりこまされていて、話したがらないのである。

　また、「身スポ」というお祭のなかで障害児たちはどうであったのだろうか。あるちえ遅れ養護学校の先生は、「うちは何もなかったよ。あてにされていないということかな」と言う。それはそれでいいようで、でもくやしい思いがする。「でも、盲学校、聾学校の子どもたちは鼓笛隊をしたので相当練習させられたようだよ」と言っていた。

はずされるのはくやしいし、かといって強制され追いたてられれの《ママ》るのは腹がたつ。そもそも、国体も「身スポ」も、そういうものであったということである。

　終った直後の新聞には、こういった駆り出され無理させられたことに対しての「もうゴメン」という投書がいくつものっていた。しかし、二つの大会は「大成功」であったというのである。

いいかげんでよかったの？

地元の新聞でも、「点検・国体から一年」という連載記事があった。そこで取り上げられたことは、例えば花いっぱい運動、県民スポーツの日といった県民運動、施設の活用、付け焼き刃で強化した競技のその後、助っ人選手などの問題をとりあげている。

三〇億円かけてつくり、年一億四〇〇〇万円管理費のかかる体育館の使用料収入は一二〇万円、という小さな市の市長は頭をかかえている、などという話はあきれてしまう。選手強化のために国体の前、体育の教員は定員以上に採用され、養護学校などは体のいいその仮の居場所にされていた。そして国体後、採用はゼロである。高校にも負けないという楽器をかかえている中学校もあるし、あちこちの学校に、それぞれ一〇〇万円を越すような楽器が眠っている。国体のために多大な出費をし、今だに他の学校予算が足りずに困っている市町村も多いという。

国体成功のために、つまり、いい評価を得たいために、やりすぎたことが「よし」とされたとすれば、確実に今は手を抜くしかないのたがら、「いいかげん」にしかならないのである。これで「よし」としなければならないいまやかし、ご都合主義である。

整列がうまい一年生

四月、一年生が入学して、いくつかの式やらの様子を見ていて、担任の先生たちが、これまでの経験から、いや二年生と比べても、今年の一年生は整列や前にならえも気をつけも、格段にうまいというのである。そして、それがなぜなのかはすでによくわかっていた。たくさんの幼児たちもまた集団演技に駆り出されたのであり、そのなかで訓練されたというわけである。つい、やっぱりすごいものねえという思いを持ってしまうとともに、教化するということの恐ろしさを感じないわけにはいかない話ではないか。こうして、小さなうちから飼い慣らしてしまえばいいのだ、と。

からめ取られる意識

このようなことによって何が起きるのか。やればできるものだ。また、できることはすばらしい。だから、もっともっとやらせればいいのだという、言わば、まったくの発達保障論という以上に、発達至上主義にもいきついてしまう。先に述べた小学校の鼓笛隊についてもそうである。

そして、何よりも恐ろしいことは、このようにして子どもたちの感覚、意識をからめ取ることができるということそのものである。まさに、二つの大会が、このような人間管理のための意識のからめ取りのために使われた。競技の見学にも駆り出され、目の前で郷土意識をかきたてられながら、晴れがましくその成果をほめたたえられ、それが大変ながんばりによってなされたのだと吹きこまれれば、小さな子どもたちが、けなげに、でも一面的に、「私もがんばって国体選手になりたい」と思ってしまうこともあたりまえではないか。

まさに、ここのところにこそ、このようなに《ママ》意識をからめ取ろうとしているところにこそ、今の「国体」「身スポ」の最大の意図があるのである。

「(教育改革で)教育を変えるということは、習得する知識や技術を変えることや思想を変えることにとどまらず、究極的には人間の身体的次元の反射を変えるところまでゆきつく。いわば、意識の深部のつくりかえである。俗に〝箸の上げおろし〟といわれる次元にまで学校教育が浸透してゆこうとするわけである」(菅孝行)ということと同じことがねらわれているのである。そのようにしてからめ取ろうとする内容は何なのかは後に述べるとして、そういう意図があればあるほど、それをあからさまにはしない。一見よさそうなものにしておかねばならないのである。そのために、様々なまやかしが用意されている。

まやかしの数々

善意というものは、同じ地域空間で一緒に生きる人の間でお互いに認め合い、支え合っているなかでの他者への思いとしてある。それが、時に厳しいせめぎ合いになるものであったとしても、まさに、共に生きるということによっているはずなのである。しかし、それが高みにある人間の、してあげる、かけてあげる式に一方的に押しつけられてくるなかにおかれてしまうと、とんでもないまやかしになってしまう。しかも、本人の善意と裏腹になってしまっても、それに気づきにくいのである。そしてもちろん、このまやかしははじめから、高みにある人間の「善意」によってそのように企図されているのである。

感動のドラマの一方で

どれほどかたくさんの感動のドラマが語られたのだろう（この際、一方での多くの不快のドラマは語られにくいのであるが）。終了後、多くの各県の選手たちなどからたくさんの手紙がそれぞれの国体室や学校などに舞いこんだ。大会は良きものだ、がんばらなくっちゃと参加した人びとの感動のドラマであり、はじめから生まれるべくしてつくられていたドラマなのである。そうでなくてはとても次のような話は納得できない。

その町の町長や教育長などが、さらには県の教育関係者が福祉の心を育てる教育をすすめようという会でも話したような、他県選手団と接待をした中学生たちの交流という感動のドラマ。その一方で、その中学校で、それまでその学校の普通学級で学んでいた一人の中学生が養護学校へと転校させられていった。それも、そのような善意があったからというのかもしれないが、国体選手たちとの間で見せた善意というものが、どうしてそれまで一三年間も地域で一緒に生きてきた一人の仲間と、これからも一緒に生きていこうという善意として現われなかったのか。ひとかけらの悪意のあるつもりもない、一方的な善意というものの恐ろしさを感ずる。

国体より以上に、障害者のための善意を売りものにした「身スポ」。その車イスバスケットボールの一人の選手のことがテレビで紹介された。彼の工業高校生としての学校生活、教育移動のとき、級友たちに支えられて段差をこえていく映像を見ていて、少しはいいこともありそうな気がしてくるが、やはりそうではなかった。車イスの中学生A君の話を聞いていたから、期待もしてしまったのである。

A君はケガで車イスの生活になり、中一、中二と養護学校に行ったが、中三になるとき、地域に帰りたいと願った。不安がりながら受け入れられた一年間のなかで、校長をして「わざわざ福祉の心を育てるなんてもんじゃない、まさにこうして一緒にいることが、どんな方法でも及ばない。私たちと同じように彼を受け入れてくれる高校があるか心配だ」と言わしめていた。そのA君の高校へという気持ちを何とか実現したいと思ったのだが、村長など地域の人たちの善意をもとにした親の働きかけは、高校側の拒否と、現在在学する生徒は入学してから車イスになったのでやむを得ないが、すでに車イスの人の入学は認めない、養護学校の高等部へ行ってくれという県教委の態度に拒絶された。「ふれあい」を言っている一方で、そのように「ふれあい」の生活を求めている者を拒否し、門前払いをしているのである。これが本音なのである。

「身スポ」の皇太子を迎えての開会式の時、その善意によって参加すべきというのか、養護学校の子どもたちに見学という形で参加が求められた。会場からやや遠いということもあったというが、ある養護学校では中学部、高等部だけが参加。ただし、「多動」など、落ちついて見れない子どもは遠慮してもらうというのが学校側のとった方法であった。

「うちの子は先生に言われて行けないいんだよ」というおかあさん。行きたくないのに一方的に連れられていくのもいやだけど、こうしてはずされるのは明らかに差別である。しかも、障害者とのふれあいを言う「身スポ」であるにもかかわらずである。それに気づかない、いや、もともと、高みにいる側の都合で考えているだけなのである。

つらぬかれる意図

国体の二、三年前ぐらいから、あちこちの市町村の学校での行事のとき「日の丸・君が代」を使うことの要求が強まってきた。それほどまでにしてすすめられていくことに対して、抵抗する運動もあったのだが、しょせん国体成功が県民運動としてくり広げられてしまっているなかで、反対したり、協力しないというのは、まさに非県民と言われかねない雰囲気では、大きな力はもち得なかった。

そのなかで、二つの大会の意図はつらぬかれていくのだが、それはどういうことかを山梨国体民主化対策会議の一員となった県教職員組合のとらえ方としてあげておこう。

「近年開催の国体は、目的・目標を大幅に逸脱し、各県対抗意識とその結果としての得点争い（天皇・皇后杯争奪）なり《ママ》、年々華美になる傾向の中で地方財政と公務員および教育関係者さらには児童・生徒への強いしわよせという形で大会をゆがめています。

特に問題なのは、国体開催にあたり、天皇、自衛隊を最大限利用し、天皇崇拝、軍国主義への復活を目論むとともに、日体協のセクトを許し、自治体の主体性を失わせ、いきおい大会を華美におとし入れてきていることです。

（中略）

（民主化を求める取り組みをして来たが）にもかかわらず、集団演技、選手強化、天皇・皇室の取り扱い、日の丸・君が代、自衛隊問題さらには財政圧迫による住民サービスの低下、関係職員の労働条件の悪化などが増々顕著となってきました。

（中略）

しかし、国や日体協の強い姿勢は変らず、次のことを押しつけることが明らかになっています。

一、国体のあり方を絶対に踏襲する。

二、皇室、自衛隊、日の丸、君が代などにかかわる運営上の措置は開催県の裁量を認めな

◇天皇杯ご下賜のスポーツ◇

競技団体名	大会名	ご下賜年月日
陸上	日本学生競技対抗	22年6月20日
水泳	日本学生選手権(男子優勝校)	22年8月（23回から）
サッカー	全日本サッカー選手権	23年4月27日
スキー	全日本スキー選手権リレー	26年2月
テニス	全日本テニス選手権（男子単）硬	22年8月27日
バレーボール	日本リーグ（男子）	25年6月
体操	全日本体操競技選手権(男子)	52年4月
バスケットボール	男子日本総合選手権	23年7月
レスリング	全日本選手権	52年5月26日
軟式庭球	全日本軟式庭球総合選手権（男）	23年8月4日
卓球	全日本卓球選手権（男子単）	23年12月
軟式野球	全日本軟式野球	23年7月
相撲	全日本相撲選手権	41年7月
柔道	全日本柔道選手権	27年5月18日
弓道	全日本弓道選手権（近的）	35年11月
剣道	全日本剣道選手権（個人）	33年7月
国民体育大会	男女総合成績1位の都道府県	23年10月
◇体協加盟以外の天皇杯ご下賜のスポーツ◇		
日本相撲協会	大相撲の各場所	大正15年初場所
日本中央競馬会	天皇賞	12年秋
東京六大学野球連盟	六大学野球	21年秋

現在贈られている「天皇杯」は27個

○…現在「天皇杯」は各種アマチュアスポーツや農林水産業などの奨励のため、日本農林漁業振興会、日本相撲協会、日本中央競馬会など21団体に27個贈られている。また皇后杯も同様に日本バスケットボール協会、日本体育協会など5団体に5個贈られている。いずれも昭和天皇時代からの天皇杯（大相撲は摂政宮杯）を引き継いだもの。

◇昭和の皇室プロ野球ご観戦◇

年月日	球場	対戦	ご観戦
[illegible]	[illegible]	金星－東急	陛下
[illegible]	[illegible]	巨人－阪神	[illegible]、義宮さま
[illegible]	[illegible]	大[illegible]－南海	両陛下
[illegible]	[illegible]	全日本－SFジャイアンツ	[illegible]
[illegible]	[illegible]	大毎－Dタイガース	[illegible]
[illegible]	[illegible]	巨人－[illegible]	[illegible]
[illegible]	[illegible]	全日本－LAドジャース	両陛下
[illegible]	[illegible]	巨人－中日	[illegible]
[illegible]	[illegible]	オールスター	[illegible]
[illegible]	[illegible]	巨人－ロッテ(シリーズ)	[illegible]
[illegible]	[illegible]	オールスター	[illegible]
[illegible]	[illegible]	巨人－阪急（シリーズ）	[illegible]
[illegible]	[illegible]	全日本－KCロイヤルズ	[illegible]夫妻
[illegible].4.8	[illegible]ドーム	巨人－ヤクルト	[illegible]

※球場の東京は東京球場

い。

三、天皇杯・皇后杯制度をテコに各県競争意識を燃えたたせる。これは開・閉会式、マスゲーム、規模、施設なども含められる。従って開催県が優勝しない限り、知事の責任は果たされない。

四、教育、一般行政、財政問題についても、たとえ県民に悪影響があろうとも、国体成功を優先させる。

（山教組一九八七年定期大会）

以上のような流れのなかにはまってしまうと、悪さというより滑稽としか言いようのないこともあるが、それでもそれに対してきっちりと闘えないこちら側の弱さをさらけだすしかないことも起きてしまうのである。

「優勝させてあげませんよ」

どこもそうだが、ある競技の会場で何度もリハーサル大会が開かれる。その競技連盟のおえら方と相談しながら行

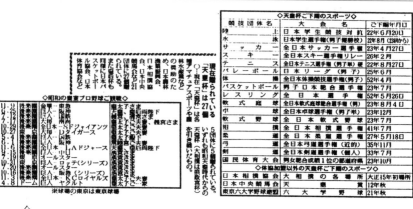

なうのだが、彼らの要求が強くだされてきている。そして、それを町当局がしぶったりすると、最後の一言は「優勝させてあげませんよ」などと言うのだという。これは実際の競技のなかでは、審判の不公平としてどぎつくあらわれ、しばしばとりあげられているのだが、開催県有利の得点のつけ方とともに、そうまでしても国体をつらぬきたいという意図は、それゆえにより明らかになってくる。どんなきれいな善意にあふれたような言葉を使おうが、今や、「国体」も「身スポ」も、まやかしに満ちた、むしろ、そのような善意を信じる人びとを踏みにじるものである。何よりもそれによって、天皇を利用しながら民衆の心を統合し、順応させていこうとするものでしかない。そして、この「かいじ国体」でも、それは各地域の町内会のレベルにまでも浸透し、反対できないものとして協力をせまられ、いやむしろ、積極的にのめりこまされてしまうなかで、つらぬかれていったのである。

共に生きていこうとする意識を

国体がそれなりに大きな姿となって押しよせてきたとき、それとどう闘うかの議論はあったが、多くは抵抗できないものとして、ひたすら終わるのを待つしかないというふうであった。たかが国体だから。いや、やる以上きちんとやって認められていくほうが評価されるという考えさえあった。果たしてそうか。たかが国体ぐらいにノーと言えず、もしかして、いや想定されるもっと大きなことにせまられたとき、「ノー」と言えるのか。何ら有効な闘いが組み得なかったことを深くとどめておかねばならないだろう。
やっきになってやった側にも弱さはある。その証拠は、それほどまでにしてやったことも、一年もたつとそれなりに風化してくるということでわかる。しかし、そうは言っても、意識に喰い込んだ力には気をつけて、私たちのしっかりした闘いをつくっていかねばならない。
それは日々の仕事のなか、運動のなかで、発達保障的な、国体を支え、利用された意識を撃っていくことであり、それは同時に、からめ取られた意識を取り戻し、再度、私たちの自由と平和を求め、共に生きていこうとする意識をつくりあげていくことではないかと思っている。それは、沖縄をはじめとする各地の、また第三世界の民衆の闘いに学びながらであり、また、私たちがこれまですすめてきた、共学共育、共生を求める運動をより一層すすめていくことでもある。

（季刊『福祉労働』37号　一九八七年冬）

国民体育大会は戦前の明治神宮国民体育大会をひきついだものであるが、敗戦後あらたな国民的なスポーツ・イベントとして一九四六年戦災の少なかった京都で開かれた。第二回は翌一九四七年石川であったが、ここに北陸三県を「巡幸」中の天皇が姿をあらわした。ここから国体と天皇のあらたな結びつきが始まり、第三回福岡では天皇杯・皇后杯なるものが出

障害者差別を助長する身障者スポーツ大会（9.30 10.1）反対！

9.30討論集会へ！

天皇アキヒトの北海道再訪問糾弾！

　九月十七日からの北海道（はまなす）国体・秋季大会への「出席」に続き、天皇アキヒト夫妻は九月三十日、再び北海道（札幌）を訪れようとしている。一か月以内に「天皇」が同じ地域を訪れるのは、全く「異例」のことである。第二十五回全国身障者スポーツ大会に出席し、「身障者を励ます」のだという。

　身障者スポーツ大会は、一九六五年の岐阜国体のときから始まり、以後毎年国体開催県で行なわれている。それには必ず（当時の）皇太子（アキヒト）夫妻が出席してきた。アキヒトは「皇太子」ではなくなったけれど、身障者大会には「取り分け深い思いがある」ので、今年に限り「天皇」として出席するのだ、という。特権的地位にあるものが、その位置を当然の前提とした上で「仁慈の施し」を行なう、というやつだ。「健常者」の国体が、天皇・皇族を総動員した一大天皇制イベントであるのと同様に、身障者スポーツ大会も又、「身障者にも心を配る天皇」という欺まん的なイメージづくりのために存在している。とりわけ、アキヒトのイメージアップには欠かせない「儀式」であるといえるであろう。そればかりでなく、この大会は、「健常者と障害者」を分断し（大会開催要綱にはっきりと記されている）、肢体不自由者、視覚障害者などが別々に競技したり、精神障害者の場合には、天皇らが来ることによって「治安の対象」とされてしまうことに見られるように、障害者間にも多くの差別・分断をもたらすものなのである。更に身障者大会への天皇の出席は「励まし」「善意」の対象として障害者を固定化することによって、障害者への差別を見えなくさせようという攻撃でもあるのだ。

　私たちは、ここ三年間の国体＝天皇制批判の闘いと同時に、この身障者スポーツ大会に対する糾弾の声を上げてきた。今年も又、身スポ大会批判を切り口に「障害者差別と天皇制」の課題について論議を深めていきたいと思う。障害者解放の闘いと連帯しうる反天皇制の闘いを構築していこう。九・三〇「身障者スポーツ大会」批判の討論集会に結集を！

一九八九年九月

反靖国・反はまなす国体実行委員会
（03－205－7363）

「身障者スポーツ大会」批判集会
・九月三十日（土）午後五時開場　日本キリスト教会館4F
・問題提起　北村小夜さん（元教員）、障害者から（予定）
「現在の障害者差別と天皇制」をめぐって

現し、第四回東京からは天皇・皇后の開会式出席が恒例になった。

　このことは、そろそろ終わりに近づいていた天皇による戦後地方「巡幸」を別の形で継続することになった。しかも一九五〇年以来制度化された植樹祭と同様皇后同伴である。

　この全国を巡回しながら、全国から参集してなりたつ国体への天皇・皇后の出席は、定期的な「象徴」の確認であり、迎える側にしてみれば行事の正統性の証明でもある。

　それにしても、国民体育大会の政治性と矛盾点が一挙に噴出した沖縄の知花裁判をもち出すまでもなく、国民体育大会の開催中はもちろん、事前事後に及んで地域住民にかける迷惑ははかり知れない。

行政内でも肥大化した国民体育大会の見直しの必要は以前から指摘されていた。一九八六年の山梨国体が終わったあとその「行政監察」が企図されたが、結局、地元選出の有力政治家の反対で見送られた。総務庁は一九八八年になって、過去一〇年の開催県を対象に「スポーツ振興対策に関する行政監察」に着手し、一九九〇年四月にまとめ、文部省に改善を勧告した。

勧告の内容は、すでに佐野さんも指摘しているが、地域住民が指摘してきたことの一部で、終われば維持するのも困難な豪華な施設、授業時間を削っての小・中学生の集団演技の練習、開催県が優勝する不自然さ、大量の体育教員の採用とその後の問題等々があきらかにされたにすぎなかった。国民体育大会が国民のものではなく天皇制イデオロギーの見せ場になってしまっていることや、皇族警備が過剰になり住民が迷惑していること、また協力を要請する形で自衛隊の出番を用意していることなどかんじんのことにはふれていない。

国民体育大会が、国民の健康増進を目的の一つにしているなら、弱い立場の人や、障害を持つ人の健康をより優先しなければならない。ところが、同じには競えないからと排除して、全く別の全国身体障害者スポーツ大会を設け、障害に応じ、程度に応じ、ルールをかえて、それぞれに表彰をする。

たとえ障害に応じて配慮が必要であっても、国民体育大会に組み込むことは可能だし、共に楽しむ競技を設けることも可能である。
一九八八年京都国体に続いておこなわれた全国身体障害者スポーツ大会に際しては有志により「身障者スポーツ大会を考える10・29集会」が開かれ、「身スポ大会」は「障害者」差別を助長するものであることを確認した。また天皇制の強化を許さない京都実行委員会では、京都国体について府知事、府国体局長、府教育委員会、市長、国体室庁、市教育委員会に申入れをするとともに、「身スポ大会」についても次のような申入れを行なったが、回答は府・市同文の誠意のないものであった。

資料

申込書

一九八八年一〇月二六日

京都府知事　荒巻禎一殿
福祉部長　木宮英嗣殿
全国身体障害者スポーツ大会準備室
室長　吉田研二殿

京都市長 今川正彦殿
民生局長 中谷佑一殿

「愛とふれあいの京都大会」と称した第24回全国身体障害者スポーツ大会が、「さわやかな汗よ 笑顔よ 友情よ」をスローガンにいよいよ開催されようとしています。

国体開催基準要項に「準拠」して開催されるこの大会は、国体同様、多くの反対の声を無視し、開会式や閉会式で天皇家の祖先神話に端を発し、天皇そのものを意味する「日の丸」を「国旗」として掲揚し、天皇を元首として戴く世の永久化を願う歌である「君が代」を「国歌」として歌わせるなど、看過しえない多くの問題をはらんでいます。

また福祉予算の大幅削減など、福祉の貧困、「障害者」対策の後退が叫ばれているなか、ごたぶんにもれず華美な国体の陰で、つけたしのような扱いをうけているこの全国身体障害者スポーツ大会ですが、この政治の貧困を、天皇・皇族の「権限」を利用し、皇族の出席、「お言葉」を通じて目をそらさせ、隠蔽していること、またこの大会を利用し、「障害者」を利用して天皇・皇族の「権威」を発揚し、天皇制の強化が謀られていることに対し、私たちは見過ごすことはできません。

とくに現在、天皇の重体を理由に「自粛が横行し、あらゆる場で天皇の「平癒」を願う発言が当然であるかのようになされ、この全国身体障害者スポーツ大会にもそれが持ち込まれ、押し付けられようとしています。このような天皇の政治利用、天皇制強化のたくらみを許すことはできません。

過去の全国身体障害者スポーツ大会の開催地にあっては、大会出席後に皇族が施設を訪問した際、劣悪な待遇の改善を叫ぶ「障害者」をその時間帯に隔離、監禁した事実があったことも聞き及んでいます。私たちは、皇族優先、皇族のためなら何でも許される、とするこのような人権侵害を許すことはできません。

「障害者のため」の全国身体障害者スポーツ大会を、天皇制強化の政治目的に利用することは、「障害者」の人権を踏みにじり、差別を拡大、助長するものにほかなりません。そこで私たちは、別記のごとく要望するものです。上記の趣旨をふまえ、そしてすみやかに回答されることをお願いいたします。

一九八八年一〇月二八日

回答書

京都府（京都市）

1　全国身体障害者スポーツ大会を民主化するとともに「障害者」の隔離ではなく、健常者と「障害者」の真の交流を通じた解放への礎となるものに改革されたい。

第24回全国身体障害者スポーツ大会は、障害者の方々がスポーツを通じて、機能の回復と体力の維持増強を図り、自らの障害を克服するとともに、障害者福祉に対する府（市）民の理解と認識を深めることを目的として開催するものです。今大会では、多くのボランティアの御協力と府（市）民のご支援を得るとともに、初めて公開競技を取り入れ卓球バレー及び車椅子駅伝を実施するとともに、障害者の方々による集団演技を行うなど多くの障害者の方々の参加に配慮し、障害者の社会参加の促進を図っていくことにしています。

府（市）としては、今大会を契機として障害者スポーツの一層の振興を図るとともに、障害者と健常者の相互理解を深め、心のこもった福祉を推進してまいりたいと考えています。

2　全国身体障害者スポーツ大会において、天皇の下に国民統合するために天皇讃歌の「君が代」を「国歌」とし、天皇家の祖先神話をあらわす「日の丸」を「国旗」として府民、市民や選手等に強制することをやめること。

「君が代」、「日の丸」については、いろんな意見があることは承知していますが、参加者個々の意志を曲げて強制することのないよう配慮し、大会における本来の役割からはずれて政治的意図をもって活用されることのないよう留意してまいります。

3　部外者である日本体育協会が作成し、しかも拘束力のない国体開催基準要項に準拠することをやめ、開会式や閉会式での「お言葉」「国旗掲揚」「国旗降納」「国歌斉唱（演奏）の行事を中止すること。

「全国身体障害者スポーツ大会開催基準要項」の中で、「国旗」掲揚、「皇太子殿下おことば」が開会式の式典中に取り入れられるよう定められており、これまでの大会では「君が代」斉唱のうちに「国旗」の掲揚がされているのが実情であります。

本大会の開会式では、開催基準要項を基本とするとともに大会の歴史の中でセレモニーの一環として続いてきた事実をも尊重し実施してまいりたいと考えています。

なお、式典を円滑に進めるため、アナウンスにより進行の予告をしますが、強制の印象を与えないよう十分配慮してまいります。

4　全国身体障害者スポーツ大会への皇族出席は、社会福祉政策の貧困を天皇・皇族の「権威」で隠蔽し、ごまかすものである。また皇族を特別扱いすることは国民主権にも反する。皇族の出席を廃止されたい。

5　開会式や閉会式で、天皇の「平癒祈願」の演説やアナウンス、死亡後であれば哀悼の演説やアナウンス、催しをいっさいおこなわないこと。

6　皇族のために幼児、児童、生徒をはじめとする府民、市民の「奉迎」行事への動員や住民の生活を犠牲にする交通規制をおこなわないこと。

大会における皇太子殿下の臨席は、第1回岐阜大会（昭和40年）に始まり、その後大会基準要項にそれを前提とした式典内容が定められ、定式化したものと承知しています。

国民的行事である全国身体障害者スポーツ大会に来ていただく方に対しては、府（市）民として等しく心をこめて歓迎したいと考えており、皇族の方についてもそれにふさわしい対応をしてまいりたいと存じます。簡素な中にも心をこめてお迎えすることが必要ですが、府（市）民を動員することは考えていません。

なお、本大会は、京都府（市）京都市（府）のほか厚生省、日本身体障害者スポーツ協会などの共催として運営されることになっていることを御理解いただきたいと存じます。

7　開会式での児童、生徒のマスゲームへの動員をやめること。

大会には幅広い府（市）民の参加が実現することが望ましいと考えております。マスゲームへの参加もその一つであり、小学生の公募による参加や高校生のクラブ活動としての参加など自主的な参加形態も取りつつ、日常の教育活動に支障がないよう配慮しながら進めてきています。そしてより多くの府（市）民が障害者の方々との交流によって、相互理解が深まることを期待しているところであります。

8　皇族警備、大会警備の名による人権侵害をおこなわないこと。
「精神障害者」や日雇労働者等への差別的隔離、人権抑圧をしないこと。警察等の関係機関に「精神障害者リスト」等を提出しないこと。
警察等による人権侵害を防止およびチェックし、人権侵害が起こった場合は迅速に対応して回復措置をとることのできる機構を設けること。

大会にあたっては、どのような形であれ人権を侵害するようなことはあってはならないことであり、警備関係者との協議の際にも折りにふれてその趣旨を述べており、十分な御理解をいただいて《ママ》るものと承知しています。

注　府と市の回答の違いは、「府」と「市」のことばが置き換わるだけ。

〈レポート②〉

「健康日本一」めざす不健康さ

健康に優劣をつけ、賞を設けることが、教育現場に「健康」競争をあおり、子どもの生活の管理と障害児の排除を生み出した。

前山　忠

はじめに

「健康」といえば、だれしも否定する者はいない。しかし、ひとたび「健康優良校」めざして競争ということになると、とんでもない「健康」がまかり通ることになる。

一九八六年一一月、私の長男（小六）と長女（小四）の通っていた上杉小学校が、「全日本健康優良学校全国優秀校」に入賞した。しかし、親の一人として素直に喜ぶ気になれないばかりか、大きな疑問をもつ。「健康日本一」をめざすあまり、数々のにわか対策と子どもの管理が進められたからである。

家庭の管理まで

五色ハンカチ

全校児童に給食前の手洗い用として〝五色ハンカチ〟というのを常時持たせている。ハンカチのふちの色を黄、赤、青、緑、橙と五色そろえ、月曜は黄色、火曜は赤という具合に毎日一枚ずつ持参させるのである。学校では、子どもの意識《ママ》づけと習慣化のためと言っているが、あまりにも機械的というほかない。むしろ、曜日の色を決めておくことで、忘れた者や昨日のものをそのまま持ってきたものをチェックしやすいというのがホンネではないのか。

しかも、このハンカチは給食時の手洗い専用なのである。もう一枚別にトイレの手洗い用ハンカチを持たせて、使い分けるよう指導しているのである。手をきれいに洗えば一枚のハンカチで用がたりると思うのだが、そんな〝大人の常識〟はこの学校では通用しないようである。

自転車乗りもままならぬ

自宅での自転車乗りも学校のきまりで自由にならない。一・二年は部落内、三・四年は校区内、五・六年は村内という風に乗れる範囲が決められ、さらに乗る期間まで制限される。たとえば、四月になって道路に雪一つなくても、校区内の山間部の道路に雪がまだ残っているからと許可しないのである。私は息子に自由に乗れというのだが、本人は学校の許可が下りないからとがまんしているありさま。本来家庭に属することまで、学校で規制されてはかなわない。自転車のことぐらい各家庭にまかせてもらいたいものだ。

食事調査

時々、土・日曜日に食べたものすべてを書き出させる調査を学校が実施する。それもごはんとみそ汁といった書き方ではだめで、みそ汁の中に入っている実《ママ》まで細かく書かねばならないので、家中思い出すのにイライラ。栄養のバランスを家庭でも給食なみに考えようということらしいが、それこそよけいなお世話というものだ。

おやつ採点

ショートケーキ八点、ドーナツ四点、ジュース一・五点、キャラメル三つぶ一点というようにおやつに点数をつけて、一日五点をこえないように土・日など食べたおやつと点数を用紙に記入させるのである。夏休みなどは、生活表に毎日点数を記入させるといった具合。時には〝おやつなしデー〟というのを設けて、一日まったくおやつを食べないようにするのである。おやつは食べないにこしたことはないだろうが、これではあまりに機械的すぎないか。何から何まで規制し、チェックして、自己規制するやり方は、子どもや家庭の自主性を逆に奪っていくのではないかと恐れる。

親子体操

健康づくりと称して家庭で親子いっしょに体操し、それを記録させる。ほかに親子読書など親にも読後感想文を書かせるのにはまいる。さらにそれをプリントして配布するなど、学校は形の上で「これだけやってます」式の成果を期待しているようである。他にも、親子レクなど「親子○○」といった親子いっしょにやらせることがやたら目につく。

「子どもの前に親の教育が一番」とはっきり言う教師もおり、どうやら学校全体で親の指導と啓蒙が子どもと同等か、それ以上に大事であると本気で考えているらしい。そうした親や家庭・地域を高みから見る学校の姿勢こそ改められなければならない。あたりまえのことだが、実状をよく知り、共に学ぶ姿勢が学校には必要ではないのか。

過熱する「健康」競争

朝日新聞社主催、文部・厚生両省後援の「健康優良学校」に応募したわが上杉小学校は、一昨年も挑戦したが全国優秀校入りを果たせず、昨年再挑戦した。〃日本一〃まっしぐら、力の入れようも一段と増したようだ。日常の学校生活のなかで、教師から次のようなことばが子どもにあびせられる。「そんなことでは日本一になれないわよ」「日本一になるにはもっとがんばれ」「審査員の質問に答えられなくて、去年Y小学校は優秀校を落ちたのよ」。校長自らPTAの席で「全国にない学校にしたいと思います」とはっきり言うほどである。

にわか対策

九月一二日の「健康優良学校」の審査日に向けて、事前に環境整備と称して玄関前などの芝張りをしたり、グランド除草や校舎のガラスふき等を早朝五～六時に父母まで動員。また、グランド隅に業者を入れて急拠アスレチック風やぐらを造るなど。

リハーサル

審査前の二日間は授業一時間で、あとはすべて審査のためのリハーサル。審査員の質問に

健康優良102校を表彰

秋篠宮ご夫妻迎えパーティー

一九九〇年度全日本健康優良学校表彰（朝日新聞社主催、文部、厚生両省後援）の中央表彰式が、三日午前十時から、東京・築地の朝日新聞東京本社朝日ホールで開かれ、全国特別優秀校三校、全国優秀校九校、都道府県代表校九十校の計百二校が晴れの表彰を受けた。式後には、秋篠宮ご夫妻をお迎えして、祝賀パーティーが開かれた。

表彰式には、各校の校長や児童代表、PTA関係者ら約三百人が出席。表彰会会長の中江利忠・朝日新聞社社長から、表彰状と、トロフィー、盾、記念品が贈られた。

今年度、都道府県から推薦された百二校の中から、全国特別優秀校に選ばれたのは、大規模校が横浜市立間門（まかど）小▽中規模校が愛知県稲武町立稲武（いなぶ）小▽小規模校が青森県木造町立越水小。

全国優秀校は、大規模校が埼玉県越谷市立大袋小、京都府久御山町立佐山小、愛媛県砥部町立麻生小▽中規模校が茨城県河内村立金江津小、富山県小矢部市立東部小、山形県酒田市立松陵小▽小規模校が島根県三刀屋町立飯石小、岡山県有漢（うかん）町立有漢西小、山口県下松市立豊井小。

式の中で中江社長は「複雑、急速に変化する社会の中で、心も体も健康な児童の育成は多くの課題を抱え、ますます重要になっています。児童の自主的活動を大人が支え、健やかな心と体づくりに向けて実践を重ねていくことが大切と思います」とあいさつした。

受賞校を代表して、越水小の平間又エ校長が「今後、この受賞を励みに、各校が健康教育を深く掘り起こして子どもを健やかに育て、地域社会形成の基盤としての役割を果たしたいと思います」と、喜びのあいさつをした。

紀子さまは優しいですか――？

「酒・たばこには厳しいですよ」

秋篠宮さま子供たちに

「紀子さんのどんなところがいいですか？」「難しい質問だなあ。あなたはどう思いますか？」――午後零時半から朝日新聞東京本社二階応接ロビーで開かれた祝賀パーティーで、秋篠宮さま、紀子さまは子どもたちの無邪気な質問攻めににこやかにお答えになった。

特別優秀校の横浜市・間門小学校の大矢木綿子さんのあいさつに続き、秋篠宮さまがお祝いの言葉を述べられたあと懇談。ご夫妻の周りに子どもたちの輪が広がった。

食べ物の好き嫌いが話題になり、紀子さまはグリンピースが嫌いという北海道・西岡北小の洲崎真吾君に「コロッケやスープに入れてもだめかしら。初めは一つ次は二つと増やしていけば大丈夫よ」と声をかけられた。

また愛知県・稲武小の今泉冨衣さんらが「紀子さんは優しいですか」と尋ねると、秋篠宮さまは「優しかったり時々怖かったり。たばこの吸いすぎやアルコールの飲みすぎはいけない、と厳しいですよ」。隣の紀子さまが「体は一生大切にしなければいけないですから」と付け加えられた。

「子どもが生まれたらどんな子に育てますか」との質問に、ご夫妻は「皆さんのように健康で元気な子に育てたいですね」などと話され、一緒に歌を口ずさむなど、なごやかな時を過ごされた。

答えるための問答訓練や〝見せ場〟の発表訓練などなど。一週間前には、ＰＴＡも動員してリハーサルが行なわれた。

この点主催者側にも大いに責任があると思うのだが、「健康優良校」を表彰するという「健康」のコンクール化つまり競争させる問題、さらに「優秀校」を選び出すための実施審査――これは、審査員の大学教授や県教委の役人や新聞記者など数人が、朝から一日その学校に張り付いて生徒の動きや日ごろの成果を見て評価するというもの――の落し穴（演出された当日行動）など、加熱させる原因を自らつくっているといえる。こんなことで本当の子どもの実態がわかるのであろうか。「健康」はそんなに簡単に評価できるのであろうか。そもそも「健康」を評価や表彰の対象としていいのかどうか。そして一番の問題は、学校現場で審査に向けて裏でどんな犠牲や問題が生み出されているのかは一切問うことなく、目に見える表面的な〝成果〟だけが競われる点である。

審査当日は、アトラクション――といっても審査員向けの〝見せ場〟に変わりなく、実質的発表の一環である――として剣舞、謙信体操、棒（竹刀代り）の素振り、鼓笛隊などの発表があるが、日ごろのありのままの姿どころか、特訓につぐ特訓で準備してきたものである。また「さわやかタイム」「愛校活動」など、子どもの〝自主活動〟さえ子どもの発想というより、教師がやらせ、子どもがやらせられる関係になってしまっているのである。

審査当日の全校いっせいの食堂での給食でさえ、ふだんの並び方を一部変更して、審査員席のとなりには活発な子を配置する〝配慮〟がされた。

多忙化

子どもは、夕方遅くまで審査に向けた準備に負《ママ》われる。給食委員などはとくに発表の〝主役〟としてリハーサルがたいへんである。審査前日など、我が家で夕食を食べるときにまだ息子が帰宅していない状態で、私はその時はじめて校長に「なんでこんなに連日遅くなるのか。審査のために過熱しすぎではないか」と強く抗議した。これがこの問題に取り組む発端でもあった。

子どもの多忙化は、必然的に教職員の多忙化を伴う。審査前の準備もさることながら、夏休みは「実践調査書」づくりに追われ、教師は休みどころではなかったらしい。また、多忙化により、他の音楽発表会や陸上競技大会などの行事の練習は平日の中で時間がとりにくくなり、土曜の午後と日曜の午前にはみ出すようになる。九月に入ってからは、我が子は土・日なしといったありさまである。

障害児を締め出す

審査当日のアトラクションの「剣舞」で、情緒障害児学級の二名（小三）の子どもが「うまくできない」からと排除され、一、二年生といっしょに見学させられたことは、何よりもこの学校の内実と体質を如実に示しているように思う。親の一人は、子どもがやりたがっているので練習させてほしいと連絡帳に書いてたのんでさえいるのに、学校側は「全国審査だから辞退してくれ」と認めなかったのである。

さらに鼓笛隊の発表のときには、二人ともピアニカを吹くまねだけで音を出させてはもらえなかったのである。以前から練習のときに、「ヘンな音」を出しては困るからと、吹くかっこうだけを練習させられたため、家で親が「ほら、姉ちゃんといっしょに練習しなさい」というと、「ぼく、ふいていけないの。ぼく、ふいていけないの」と何回もくり返して吹こうとしなかったという。審査が終わった翌日、担任が母親に「Tちゃん、うまくできましたよ」といったそうである。母親がどんな気持ちでそれを聞いたか、察してあまりある。

学校の教育活動のなかで公然とこんなことが行なわれたことは驚くべきことであり、怒りを禁じえない。しかし、一方ではむしろ、学校のなかだからこそ平然と行なわれたのでは、とも思われる。そこまで今の学校現場は能力主義、効率主義に染まりきっているのではないか。そうでなければ、こんなひどい差別・人権無視がまかり通るはずがない。実際、練習期間中全職員がそうした事実を承知していながら、だれ一人として疑問に思い問題にしなかったのだから。

居直る校長

息子の帰りが遅いことに端を発して、学校の姿勢に対して疑問をもち、何人かの親とも話し合ってみた。また、九月末には校長のところへ単独で話し合いにも行った。

校長ははじめ「子どもを少しでも良くしようとしていることだから」といい、次第に「少々行き過ぎがあったかもしれない」へ、そして「確かにまずい点もあった。まあ今後は気をつけるから」と不利になるとくるくる態度を変え、全く事態の深刻さや障害児とその親の気持ちや痛みを理解しようという気持ちが感じられない。さらにその後の何回かの話し合いでは、どんどん後退して「(障害児を)出さなかったのは当然だ」とまで居直ってきている。

私たち父母のなかで「地域の教育を考える会」を結成し、学校へ要請文も出したりしたが、ほとんど無視に等しい対応であった。

そして、次々に「表彰記念式典」「祝賀会」、ついには記念石碑を建てるまでに突っ走るありさま。それほど受賞が名誉なことであろうか。

競争あおるマスコミ

こうしたコンクール化の原因をつくっているマスコミにも大きな責任があると思う。ふだんの姿でなく、演出され訓練された審査当日の姿をハデに新聞やテレビで紹介していく。主催者の朝日新聞社は、私たち「共に生きる教育を求める県連絡会」の「優良校」を中止せよとの申し入れに対しても、「審査の方法などを更に検討・改善の上、健康優良学校表彰制度をより一層充実させて行きたい」と、いっこうに反省の色はない。健康に優劣をつけ、賞を設けること自体が、教育現場でどういう競争と弊害を生み出すかぐらいは十分承知しているだろうに。

わが上杉小学校の実態は、審査日だけの問題ではないし、ましてやこの学校だけの例外とも決して思われない。障害児を排除して成り立つ教育活動とは、それを容認し当然視する長い蓄積の結果でもある。これまでの日常的な学校体制と体質を問うことなしに、こうした問題を是正していくことは難しい。

学校および朝日新聞社に対しては、これからも粘り強く是正要求をせまっていきたいと思っている。

（季刊『福祉労働』36号　一九八七年秋）

ほんとうに何という不健康さであろうか。

前山さんの報告を読むと、前日までのあり様が、全く天皇を迎える準備と同じであることに驚く。障害児の排除のスタイルまで同じである。評価が競われるという点では、当事者はより真剣になっているのかもしれない（私も健康を測るなどということはすべきでないと思うが、やむを得ずするならば「障害児も居心地よく過ごしているか」が健康優良校の最低条件とすべきである)。その上、終わったら記念の石碑が建つというのだから、おかしくても笑ってはいられない。

朝日新聞社は、一九七七年までは健康優良校とともに、健康優良児を小学校六年生を対象に男女別に選んで表彰していた。もうずいぶん前のことであるが、私の働いていた小学校の一人が、応募して落選したことがあった。体格、体力、学力等すべて自信があったので原因を調べてみると、どうも、母子家庭であること、それも両親の離婚によることが原因のようであった。釈然としないものがあって、気にしていると、日本一になるのは、体位の成長が早く、成績優秀で「健全」な家庭の子であった。その後各方面から六年生の段階で体格がいいということがその人の健康を約束するものとは限らない等疑問も寄せられ、廃止に至ったようである。廃止に至った理由として、朝日新聞社の担当者は、最近の健康観の変化と、個人を表彰する時代ではなくなったことをあげたが、優良校も問題は同じだから、やはり廃止すべきである。優良校の場合、集団が測られるのだから被害はより大きい。うわべの健康を見せるため、たくさんの子どもの心に不健康を強いていることをおとなは気がついていないのだろうか。気がついていても体制を維持していく上での生活技術として強いているのであろう。

第五章　「巡幸」にあやかる人・犠牲になる人

障害者を取り締まる「巡幸」

「巡幸」といえば裕仁の敗戦後の「あっそう」を思い出される向きも多いと思う。あれは人間天皇としての自信を持ちはじめた彼が、新しい日本の建設に励む国民の努力と成果をみながら「象徴天皇」のスタイルを習得する過程であったと思うが、効果は絶大で、天皇制反対を唱えていた労働組合が争議を中止し、労使で歓迎し、感涙にむせぶという場面もあった。

しかし、明治天皇の「巡幸」はもっとすさまじかった。一八七二年頃から実に精力的に日本中を歩きまわっている。地方の不平分子を慰撫し、天皇の威厳と仁慈を示すために行なった一大セレモニーであったが、県の施設や学校、工場などともに、自分の先祖といわれる者の墓参りや顕彰にも精出している。

道路も交通機関もいまのように整ってはいなかった。長距離は艦船を使い、内陸の移動は馬車や輿が主であったが、徒歩もいとわなかった。

また明治天皇は軍事を好み、一八七三年には自ら兵を率いて下総大和田原に行き、露営して演習をしている。「習志野」とはその時彼が練兵場として名付けたものである。以後しばしば各地の陸海軍の演習を鼓舞しに行くことになるが、一八八五年「巡幸」が一段落したあとは、日清・日露の戦役中を除いて、ほとんど毎年、大元帥として、陸・海軍大演習を統裁している。

理由は何であれ、天皇が来るとなると、迎える土地では、ついでに見て貰うために学校や施設の新築がめだった。その費用を割り当てられた地域住民の苦労話が残っている。

南薫小学校の講堂も新築されたものだときいている。

官憲の取り締まりは今日同様で「危険分子」や「浮浪者」に厳しく向けられていた。この頃から躾けられたことだそうであるが、誰かが通るといわれると、国道沿いの商家などでは、洗濯物を取り込み、二階の雨戸を占めるのが習わしのように行なわれていた。

陸・海軍大演習は、大正・昭和の天皇も大元帥として熱心であった。

一九三一年熊本陸軍大演習を統裁した裕仁はチッソ水俣工場に立ち寄った。名だたる公害企業も当時は日本の繁栄を担う企業であった。水俣はチッソ城下町として成りたっていた。そこへ天皇が来るのである。葦書房から出た石牟礼道子さん著の『花をたてまつる』にはその時のことが書かれている。「『挙動不審者・精神異常者』は対岸の無人島に隔離すべし」というお達しが来た。石牟礼さんのお祖母さんは、青竹の杖を曳きながらさまよい歩く「盲目の狂女」であったが、家が行幸の道順からはずれているので島送りは容赦願いたいと父上が申し出た。それに対して警察署長は部下を従え、サーベルの音をさせながらやってきて、お達しに背くなら縄をかけて連行するという。父上が家族を侍らせ、お達しが陛下のお心かと問うと「陛下のお心かは知らんが、日本臣民ならば、不敬罪ちゅうは知っとろう」と職務に熱心であった。父上は、人の子として、罪人でもない親、それも並にはずれてあわれな親さまをわが手で押しやって縄をかけさせるなら、子として申し訳ない。ここで切腹するから、その剣を貸せ。そして介錯はお前さまの役目ぞ、と迫る。困った署長は、行幸の前日を血で汚すことは不敬、自分の科にもなる。特例中の特例として責任を持つので、家族でばばさまを外に出さぬよう謹慎しろということになった。当日戸口には斜め十字に青竹が打ちつけられたという。父上ご自身言われたそうであるが、何と立派な「赤子」ぶりであろうか。

どんな「赤子」を自認していようとなびかぬものは取り締まられる。

今日、精神障害者といわれる人々を街に見ることは少ない。斜め十字の青竹を打つまでもなく、多くは格子のはまった病院に入れられている。その意味では取り締まりが日常化し、放浪の自由さえ奪われてしまっているというべきである。

羽田空港から誰かが飛びたつ日、蒲田周辺は警備が過剰になる。なかなかかもはいない。遠くに通う特殊学級や養護学校の生徒がかもにさせられることも度々である。

始業のチャイムがなってもあらわれない子がいる。日頃無遅刻無欠席のT君である。案の定、警察から電話だという。出ると、一人でキョロキョロしながら歩いているので、呼びとめて聞くが、さっぱり要領を得ない、鞄をみせて貰うと体操着しか入っていないというのである。私はT君は知りたがりやのやりたがりやさんだから、いつもいないあなたたちが物々しい格好でウロウロしていればキョロキョロするのは当然である。もともとT君がいた所まで送って行って、学校へ行きなさいと言えばいいと言うのだけれど、相手は、興奮していてとてもそうはいかないと言う。

私はT君の不安を思い警察まで出かけて行った。T君は他署から応援に来た警官の獲物にされただけであった。

多くはこんな程度で終わるが、そこでの扱われ方で子どもたちが受ける心の傷は深い。全く迷惑千万である。

天皇を「お迎え」する
——板野養護学校の場合

明仁が天皇になって、初めての遠くへのおでかけは、徳島で行なわれた第四〇回全国植樹祭であった。前日徳島に着いた天皇・皇后は、県内事情視察と称して、県庁・県立板野養護学校・徳島市立木工会館を訪問した。沿道は日の丸の小旗を持った人々で祭以上のにぎわいだったそうである。

以下は板野養護学校教員による状況報告である。

一九八九年五月二〇日、全国植樹祭のために徳島に来ていた天皇・皇后が板野養護学校に来ました。その時の学校の異常な状況についての報告です。

四月三日職員会議

教頭　五月二〇日（土）午後、天皇が来校することが、ほぼ決定しました。警備のため、四月一日より来校者は受付簿に名前を書いてもらうことにしています。警察官が校舎のまわりをパトロールすることがあります。

Iさん　はじめ鴨島養護、ひのみね養護、板野養護のどこかになると聞いていたんですが、どうして板野になったのか。土曜の午後という普段授業のない時間にわざわざ授業するのはおかしい。どうして土曜の午後にするのか。

校長　養護学校を世間に知ってもらうという啓発の意味もあるので、私としては来てもらいたいと思っている。来校の時間については、（天皇の）日程上、土曜の午後になりそうだ。

私　教育の場に警察がはいるのはおかしい。

小学部の主事　校舎の中にははいってこないと思う。

校長　具体的なことについては追って職員会議を開いて相談します。

授業が始まってからも、校舎の外壁の塗り替え工事が続けられた。（校舎が建ってまだ五～六年しかたってないからまだきれいなのに……）足場が組まれたために教室はうす暗く、窓も開けられない。四月一九日からは音楽室と訓練室が改装工事のため立ち入り禁止となり授業ができなくなった。天皇と付き人の控室になるということだった。

また、学部会では校舎内外の整理整頓をすること、天皇来校の数日前からは花壇は掘ってはいけない（爆弾が埋められていると疑われるから）、近くにある竹やぶには入らないようにすること（糸を張ってあるので、入るとすぐにわかるようになっている）など、あきれてしまうことが命令された。

四月二〇日

徳島新聞に天皇来校のことが報道された。当日「風船バレー」と「器楽演奏」をすることを私は新聞で知った。

四月二一日

県教組板野養護学校分会として校長に対して抗議と申し入れを行った。

分会　新聞の報道ではじめて職員が当日の内容を知るなどというのは異常だ。なぜ、勝手に決めたのか。

校長　当日の内容についてはまだ決定していない。これからみんなにはかろうと思っている。

新聞の報道については原案がもれた。新聞社が勝手にした。

分会　新聞の件だけでなく、いろいろなことが職員に知らされないで行われている。オープンにしてほしい。

校長　職員会議を二五日に開くことにしている。

分会としての申し入れ

一、来校時間を授業時間内とする。

二、当日の内容について、職員会議で決める。

三、一の項目について不可能である場合は、振替日を設ける。

四、年休などのあつかいを普段どおりとする。

五、職員の仕事に教育活動以外の仕事（たとえば警備など）を充てない。

六、児童・生徒に旗ふりをさせない。

申し入れに対しての校長の答弁

一については、日程上変えることができないが、二以下の項目については、もっともなことなので申し入れの通りにします。

四月二四日職員会議の前日

夜、A教員から電話があった。

A　先生の気持ちはわかるが、設備など要求してもなかなか良くならないのが、今回のことで良くなるし、明日の職員会議でみんなで決めたら、決まったことについては協力してほしい。

私　良くなると言っても、直す必要のないところばっかりに手をかけている。設備が良くなるからということで天皇来校を喜ぶわけにはいかない。事の進め方も一方的なので、明日も納得いかないことについては発言するつもりです。

四月二五日職員会議

申し入れたことについて分会ニュースとして当日、全職員に配布した。

今までの経過の報告と当日の内容についての原案が出された。すぐにA教員から「設備も良くなるし、内容についても適当と思うので原案に賛成です」という発言があった。

私　新聞の報道、警備、工事など職員に知らされないまま一方的に決められるのは困る。教室が使えなくなっているが、授業に支障が出ることが明らかなのになぜしたのか。

校長　藤川さんとＩさんが代表という形で、今、配られているような申し入れがありました。

これについてはみなさんの意見がはいっていると考えて尊重していきたい。特別教室が使えないということについては天皇の来校の決定が遅れたので、春休み中に工事ができず、ずれこんでいる。先生がたにはご迷惑をおかけしています。ご協力よろしくお願いします。

Ｉさん　それは理由になっていない。子どもが一番迷惑している。私たちでなく子どもにあやまってほしい。なぜ、音楽室と訓練室を控室にしたのか。校長室と会議室で十分対応できるはずなのに、なぜ、わざわざ特別教室にしたのかはっきり答えてほしい。

校長　県のほうから「ここのほうが落ち着く」というアドバイスもあり、学校としてもほかに適当なところがないので特別教室にしました。

Ｉさん　では、ここを使う必要があるというはっきりした理由もなく、授業に使う教室を選んだということですね。

校長　宮内庁の意見もあり一方的にもいかなかった。

Ｉさん　校長として子どもの授業に支障が出ないように努力するのが当然だと思うが、そういう努力はされたのか。

校長　そういうように、つきつけるように言われても困る。両方が話し合って決めた。

私　これ以後、教室が使えないとかいうようなことはないと約束してください。

両陛下〝ふだん着〟

ひざつかれ障害児励まし

徳島の養護学校

天皇陛下が、皇后さまが両ひざを床について、子供たちにお言葉をかけられる。肩を抱き、ほおずりするようにして注がれる優しいまなざし。二十日、徳島入りされたお二人は、県立板野養護学校（板野町）を訪問され、父のように、母のように子供たちと過ごされた。教室に笑いがはじけ、皇后さまの帽子をチョコンとさわっていたずらする子。一歩も二歩も前に出て接されるお姿に、感動が広がった。開かれた皇室が、いま始まろうとしている。

陛下と皇后さまが、突然ひざをつかれたのは、車イスや寝たきりなど重度心身障害児がお出迎えした木工室。子供たちに「ご苦労さまです」とひざを折って一人ひとりに「元気でね」と、手を握られた。

子供たちと同じ目の高さで話をしたい、いたわりの言葉をかけたいというお気持ちがにじんでいた。

「どう、体の調子は？」。皇后さまが肩を抱くようにして話しかけられた時、生徒が皇后さまの帽子の花飾りに指を触れた。そばの先生があわててとめようとするのを「いいのよ」と皇后さまがその手を握りしめ、ほほ笑まれる。隣の陛下から笑みが……。

みんなの顔をのぞき込まれて「お大事に」とのお言葉。この間、約十分。ひざをついたままのお二人に、付き添いの後藤貴雄教諭は「子供たちも雰囲気を感じたようで、私が握っている子供たちの手がホカホカしてきました。温かいお人柄に触れ、平成時代を肌で感じました」と話していた。

木工室では病弱の子との会話もはずんだ。室内に置かれたアニメ「となりのトトロ」の主人公、トトロの人形が、きっかけだった。

お二人は「トトロのどんなところが好きですか」。「みんなを楽しませる表情やしぐさが大好き」。「うん、いい映画だったねえ。この間、見ましたよ」と陛下。そして、人形の中に先生が入って手を動かしているのを、お聞きになった皇后さまが「まあ」と驚かれると、笑いが起きた。

つぎの体育館でも、お二人は、ボール遊びの子供たちの中に入って、手をたたき合ったり、握手を繰り返したり。言葉を持たない子供には、文字板を使って、問いかけられた。皇后さまは、ご自分の黒い手袋を握りしめて離さない生徒にもニッコリ。

お別れのとき、子供たちが「バイバイ」と手を振ると、お二人も「バイバイ」でおこたえになった。

お二人は、学校の備え付けのスリッパをおはきになり、いすも一般来客用に座られるなど、〈ふだん着〉のご訪問を続けられた。皇室ジャーナリストの河原敏明さんは「両陛下は、日ごろから国民とのふれあいを大切にされてきた。皇室の窓を大きく開けて新しい風を入れようと努力されるお姿は、皇室のあり方の上からも非常にいいことだと思います」と話している。

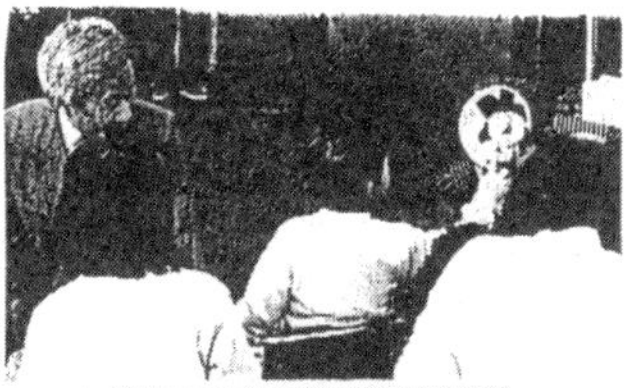

后さまの帽子の花飾りを指でつきいたずらする子供に、にっこりされる天皇陛下

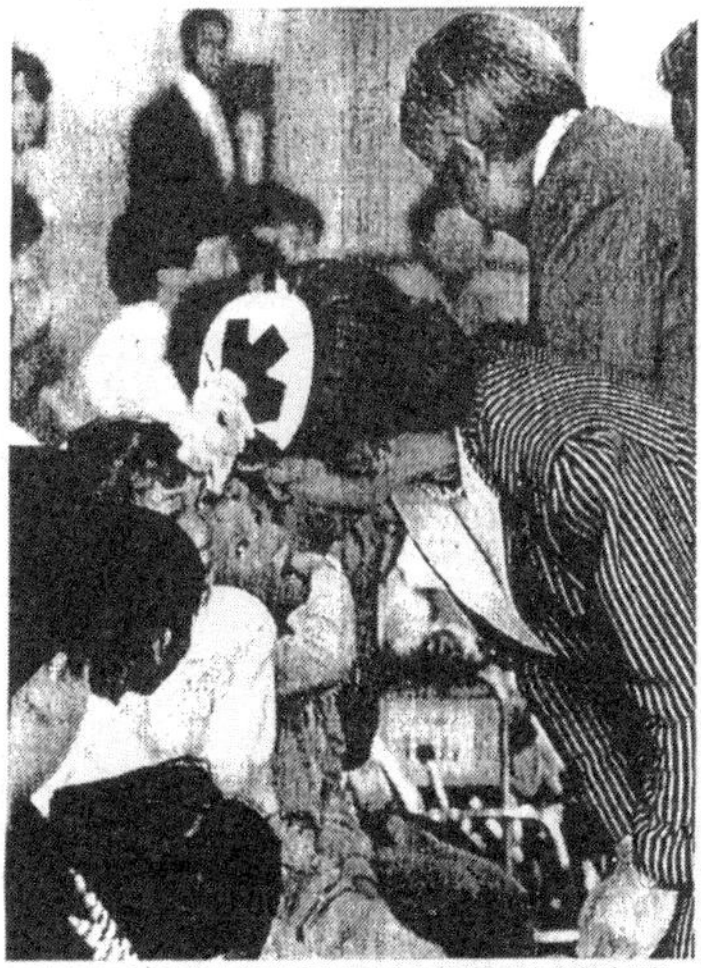

ほおがつかんばかりにお顔を寄せられお話しになる皇后さま

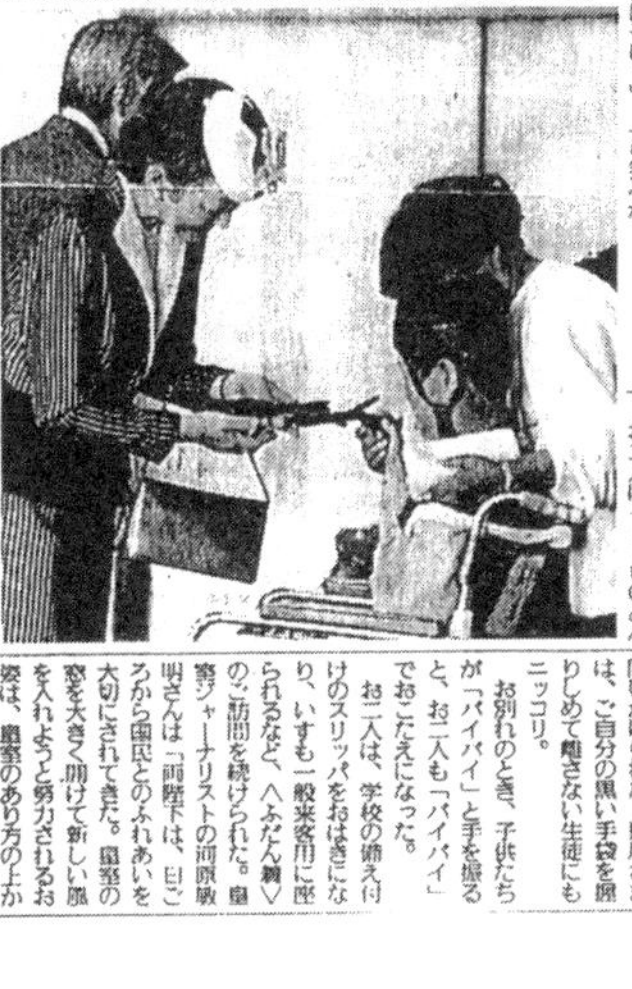

手袋を握りしめて離さない子供に笑いかけられる皇后さま＝写真はいずれも徳島県立板野養護学校で

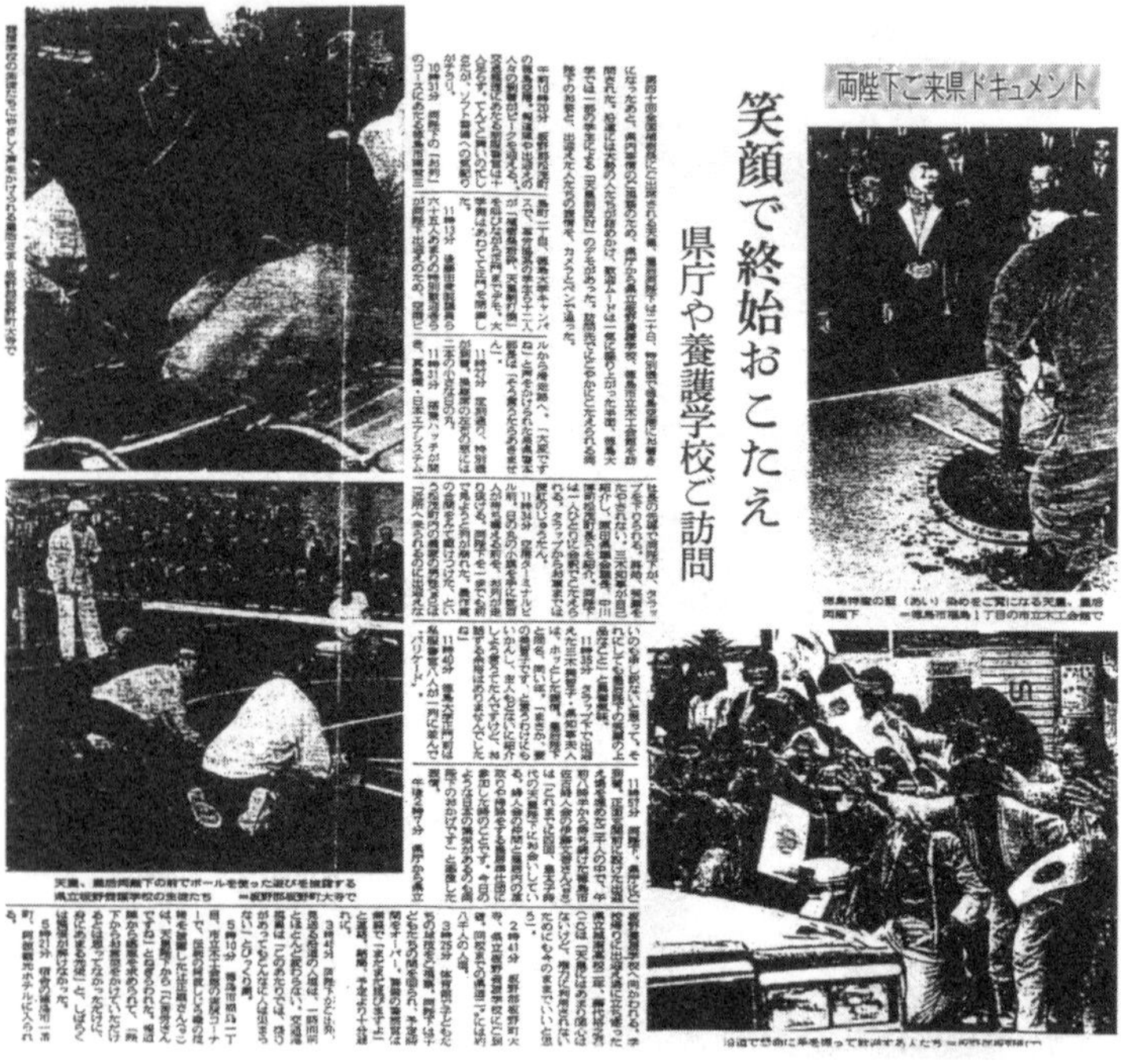
両陛下ご来県ドキュメント

笑顔で終始おこたえ

県庁や養護学校ご訪問

徳島特産の藍（あい）染めをご覧になる天皇、皇后両陛下　＝徳島市福島1丁目の市立木工会館で

天皇、皇后両陛下の前でボールを使った遊びを披露する県立板野養護学校の生徒たち　＝板野郡板野町大寺で

沿道で懸命に手を振って歓迎する人たち

小学校の主事　今のところ、前日（一九日）の放課後から立ち入り禁止になるということで話合いを進めている。この線で努力したい。

五月二〇日

当日は、学校へはいる人間は職員もみんな名札をつけなければならない。

生徒は昼前に学校にきて、給食を食べてから体育館にはいった。約二時間体育館の中にとじこめられた。学校を出るときはもちろん、体育館を出るときも名札を持っておくように言われた。天皇が来ると、風船バレーは中断。天皇が生徒と握手してまわる。報道陣がその光景をカメラにおさめる。

天皇が帰った後、「みちこさんきれいなかったなし」とか「私、握手してもろうた」とかいう会話が職員の中から飛び出す。そして、菊の紋の入ったたばこが二本ずつ全職員に配られた。子どもにはまんじゅうが配られた。天皇からの「お礼」とのことだった。

徳島県教組板野養護学校分会　藤川彰厳

新聞報道によれば、二人は「肢体不自由」の生徒達にやはり「お大事に」と言葉をかけたという。「お大事に」という言葉は、よく障害者が反発を感じるというが、これは障害者を病気をなおそうと療養中の病人になぞらえ、健常者に近づくために障害をなおそうと、療養あるいは訓練、あるいは学習していると位置づけるから言えるのであろう。

「名誉」をほどこされる〝錯覚〟

敬わせるには、あわれみ、励ますことが有効である。それには障害者が都合がよい。学校や施設のようにまとめて管理されている所は一層よい。管理する人々が、やんごとない人を迎えることで、おのれの仕事の質が高められるような錯覚を抱いて喜ぶからである。

これは、ろう学校の教師であった乾尚さんの「難聴学級」（『教育評論』一九六五年五月号）の中の一節である。小説の形をとっているが作者自身が体験した事実である。

> 校長は朝の職員会議で太ったあから顔をさっと硬ばらすと、直立して宣告しだした。「今からこの学校にとりまして、大変名誉になる事を申し上げます。実はこの事は、まだ内々の極秘に属する事柄ですので、御他言なさらぬよう切に御要望致します。昨日教育庁より内々の視察がありまして、この学校にも遂に天皇皇后両陛下の御臨席を賜る事になったのであります。……」校長は、ふいに感極まったという表情で声をつまらせた。

その事は、既に一週間も前から、私にだけは知らされていた。

一週間前のある日の放課後、私は校長室にそっと呼ばれて酒をおごられた。

「先生のクラスの父兄から寄附がありましてな、一杯どうですか」

校長は、唇をほころばせながらなみなみとコップについですすめた。

「古田先生、実はね、私にも名誉をほどこされる機会がとうとうおとずれたのですよ。高校からこんな特殊学校へ廻された当座は、左遷だと思って、随分教育庁をうらんだりしたものでしたが、そんな僻みなんかもう一ぺんに吹きとんでしまいましたよ、はッはッはッ……」愉快そうに大口叩いて悦に入ると、校長はアルコール嗅い息の下から、そっと天皇皇后の御来下を告げてくれたのだった。

「私が両陛下を御案内致すんですよ。そしてろう教育についての歴史を御説明申し上げるんです。」

もう一カドの人気スターといったあんばいに微笑んで、新聞雑誌の写真のポーズでも示すつもりなのであろう、威儀を正した。

「それもね、古田先生、新設校であるこの学校が都内に七校もあるろう学校の中で特に選ばれた理由は、組合運動が穏健だからなんですよ。だから陛下をお迎えできるのも、ひとえにあなたの功績という事になりますかな」

こう云って、は、は、は、と顎の下の髭をまさぐりながら哄笑した。

その日から、学校中は隅々までほじくりかえさんばかりの大掃除で、授業なぞそっちのけになってしまった。校長はこの機会にとばかり、学校中の破損箇所を見つけ出しては、修理を命じてまわりだした。

「どうせ後から教育庁からたんまり修繕費がもらえるんですから、一時ＰＴＡ会費あたりからたてかえてでも、この際徹底的に修理しておきましょう。陛下がお通りになる道路も勿論ですよ」朝会で陛下行幸が発表された夜、私はひそかに校長宅に招かれていた。

「古田先生を見込んでのおたのみなんですけど、先生の学級を陛下の参観なさる際の指定学級に定めて戴きたいんですけど、なにせ先生は指導技術もヴェテランだし、それにあの組は、子供の質もいいですからな。」

私は大変名誉なことだと感激して、むろん二つ返事で引き受けた。

私の組の子供は別に選んだわけではなかったのだが、聴力を残していた者が多かった。

それで自然と、成績の方も上っていた。


作品のほんの一部であるが、校長の喜びようがよくわかる。また、ろう教育について本気で理解を求めようと思うなら最も重度の者こそ選ばれるべきであるが、ここでも「天覧」に供する者は、最も障害の軽い者の中から選ばれるならわしに従ったことが記されている。

なお、期待していた教育庁から修理費などは一文も出なかったそうである。校長に対する褒賞は「恩賜の煙草」だけだったそうである。

資料

〝孤児を幸福にしたい〟　皇后陛下、児童福祉大會でお話

皇后陛下も御出席になつてか〝全国児童福祉大会〟が十八日あさ九時芝の日赤本社で開かれた、高松宮久邇宮大妃各殿下をはじめフラナガン神父、総司令部ネフ大佐、ララ委員ロース女史、バット博士ほか多数の來賓に、関係者五百余名

まず皇后陛下から

新憲法実施の門出に当つて、これからの日本が子供たちにとつて本当に幸福な国になることが大切だと思います。このごろの子供たちは恵まれぬと言われ、とりわけ戰災や引揚の孤児や遺児の身の上を思えば、何とか幸福にできないものかと心がいたみます、どうか子供たちが將來の日本を背負うにふさわしい明るい健やかな國民として育つよう努力を希望します。

とお話になり、ついで伊藤厚生次官、ネフ大佐の祝辞などあつて十時大会を終つた

協議会でのララ救援物資への感謝を決議、フ神父の言葉のあと東京育成園の清瀬忠美君（一四）からコイのぼり、藤沢聖心愛護会の石沢潔子（一三）からお人形を神父に贈った

（『朝日新聞』一九四七年五月一九日）

両陛下、社会事業施設を御慰問

天皇皇后両陛下は四日、東京都内の社会事業施設を慰問された、朝九時半から目黒の都大原寮で身体不自由な人達のマッサージを御覧になり國立東京第二病院、杉並区上高井戸の浴風会浴風園を訪問された

皇后陛下は浴風園で旧知の人を見出して側へ寄つて行かれ「しばらくでした」と笑顔であいさつされ、やさしくなぐさめられた。井上とも子（八一）という外國帰りの女医さんで、昭和十七年ごろまで三十数年間学習院の校医をしていたが身よりがなく、有料寮に老後を養つていた。

両陛下は午後は東京光明寮で職業指導をうける盲人たちや武蔵野女子寮で父や夫を失つた母子たちを慰問され、三時ごろ皇居にお帰りになつた。

（『朝日新聞』一九四九年五月五日）

〝白い羽根〟胸に　両陛下、社会施設御覧

天皇、皇后両陛下は〝白い羽根〟をおつけになつて九日朝九時半から都内十ヶ所の社会事業施設を視察された、日赤本社、病院など日赤関係では「日赤の事業は重要ですからしつかりやつて下さい」と激励され、芝白金三光町の公益質屋では、質物倉庫などにもお立寄りになつた。ついで東京盲人会館、戸川更生館で作業場などを御覧になり、錦町公会堂、神田小学校で千代田区赤十字奉仕團の奉仕作業を激励され、午後四時にお帰りになつた、なお神田一帯は久しぶりのお出ましで、小、中学校生や市民の万歳がわき返つた。

（『朝日新聞』一九五〇年五月一〇日）

ご視察《ママ》の陛下お喜び

乳児の〝サヨナラ〟に

天皇、皇后両陛下は十四日〝白い羽根〟基金による社会福祉事業六ヵ所を視察された。午後。世田谷の赤十字「子供の家」で孤児たちの朗らかな生活ぶりを御覧になったが、お帰りのさい孤児の一人が不意に「天皇さま、サヨナラ」と叫んだ。思いがけぬ無邪気な見送りに両陛下は相好を崩され「さよなら」と幾度も繰り返された。

（『朝日新聞』一九五一年五月一五日）

合奏に御微笑

両陛下民生施設を視察

天皇、皇后両陛下は十日東京都内の神田保育園、水上民生館など民生事業施設を視察された。午後九時四十分千代田区神田淡路町二ノ九ノ九神田保育園では小さなコドモたちがオモチャの楽器で演奏するオーケストラの歓迎を受け両陛下ともニッコリ。コドモの画の勉強、歌のけいこを御覧ののちコドモたちが振る日の丸の旗に送られて同十時十分中央区日本橋蛎殻町三ノ一八東京都水上民生館へ向われた。

民生館では水上に浮ぶ船の家をのぞかれ〝元気でお暮し下さい〟と激励の言葉をおかけになり、水上小学校児童の〝万歳〟の歓呼にあいさつされた。つゞいて同日墨田区寺島町六ノ一三の目や耳の悪い児童の収容施設東京愛育苑、同区大平町三ノ一九賛育会病院、市川市八幡学園なども御視察、午後五時皇居にお帰りになる。

（『朝日新聞』一九五一年一〇月一〇日）

両陛下御慰問

都の社会福祉施設を

天皇、皇后両陛下は赤い羽根の助け合い運動に協力されるため、十一日東京都内の社会事業各施設を訪れ慰問、激励された。両陛下は午前九時半皇居を御出発、まず練馬区東大泉町一四五私立みかえり大泉寮に行かれ、浮浪生活から更生した百四十一世帯百卅余人の母子の寮生活ぶりを御覧になったが、天皇さまが「お元気でしっかりね」とやさしくいたわられると、ワッと泣き出す母子もあった。隣の奎徳保育園でこれも浮浪児だった九人の女の子が踊る〝君が代〟を楽しそうに御覧になって同十時四十五分同区上石神井二ノ一七〇都立石神井学園においでなり《ママ》、収容児四百五十人を「よく勉強してよい子になって下さいね」とくり返し激励された。ついで同十一時四十分、新宿区私立戸田母子寮では、遺族、戦災、引揚げなど不幸な母子四十九世帯百五十四人を激励され、保育園では貧しい家庭の子四十余人の折り紙細工をにこにこして御覧になった。最後に同区戸田町一国立身体障害者更生指導所では不具の子たち百五十人が身体の運動や職業技術を学ぶ真剣な姿を激励されて午後二時ごろ帰られた。

（『朝日新聞』一九五四年一〇月一二日）

あとがき（初版）

集会の帰りに軌跡社の天野恵一さんから、この本の企画をきいた時、即座に同意した。誰かがやるべきテーマだと思ったからである。私がやるのは少々おこがましいが口火をきろうと思った。

これまで私はずいぶん障害者や女や子どもが受けている差別について発言してきたが、考えてみるとそれはほんの仲間うちの人々にしか届いていない。

それがこの本によってひとまわり広まれば嬉しい。さらにこれがきっかけになって、できれば障害者自身の手によって、一層核心をつく書が世に出ることを期待している。

あいにく企画が具体化したころ、日本語教師として私が長春師範学院に行くことがきまった。

その準備もさることながら、無節操にさまざまな運動にかかわっていたので、その始末にもおわれることになった。基本的には私がぬけてつぶれるような運動はつぶれてよいと思っていたが、そう簡単にはわりきれなかった。

従って過去に書いたものもふくめて、こまぎれ原稿を書いては渡し、書いては渡しして編集担当の岡本美衣さんにつないでもらうことになった。

さらに九月からはゆっくりしたペースの郵便しか交信の方法はなかった。中国の流儀に従ってゆっくり対応してくださって漸く日の目をみることになった。ありがとうございました。

そのような意味でできることなら、このあとがきは編集者に譲りたいところである。


大連から瀋陽、長春へと向う列車に乗ってそれに沿う道路に見事なポプラ並木が続いているのに驚いた。おそらく解放後に植えられたものであろう。満鉄時代には、襲撃を恐れて、目を遮るものは一切つくらなかったはずであるから。

たしかに中国は豊かになった。土地はよく耕されている。水田の面積も飛躍的にふえている。人々の暮しむきもかわった。

私は四五年前、この中国の東北で八路軍の人達と行動を共にしたことがある。その時、飢餓感が分配の公平さでかなり緩和できること、長く歩くのには皮靴より布靴がよいこと、零下でも日向ぼっこができることを知った。

いま、みえる範囲で、かつて私を驚かせた三つのことをみる。

豊かになり、そして分配はかなり自由になったが、矛盾ばかりが目につく。それなのに人々は公平さより、我が身のみのより豊かさを求めて東奔西走している。靴はといえば、たしかに大衆用品として布靴はある。しかし、より丈夫さを求めてか、底には合成ゴムなどが貼りつけられている。かって不要になった布を重ねて手で縫うなどということはもうしなくなっている。足にあわせてくれる靴はもうない。かわらないのは太陽だけである。零下でも風の当たらない日向は暖かい。勿論綿入れを着て防寒帽をかぶってではあるが、日向ぼっこをしながら談笑する老人の姿があちこちにみられる。

なぜ、いまどき中国にきたかといえば、中国が一体どうなっているのか身をもって知りたかったということであろうか。それも単なる旅行者でなく住んで。それには一方では言葉は教えてはならないと思いながら、著者と言葉を学びあいながら中国に住めるいまの仕事は好都合だと思った。

しかし、それは不遜なことであったようである。たしかに、いま私は中国に住んでいる。学校の敷地の中にある職員宿舎の一角の外国人宿舎に住んでいる。何かにつけ外国人という待遇を受けている（優遇とも排除とも考えられるようなことが多いが）。私は住んでいるつもりであるが、人々は外国人が来ているとしか思っていないようである。

たとえば、当然のことであるが漸くにしておこなわれている、戦争の被害だけでなく日本の侵略の実態をあきらかにしようというとりくみがある。私もここへ赴任する直前に、「日中友好平和の旅」というツアーに参加した。ハルピンの七三一部隊跡や平頂山の一村焼殺の現地を訪ねるものであった。

平和教育をすすめる教師たちが中心であった。

私はこちらについてから多くの人に「中国ははじめてですか？」ときかれる度にこのことも話した。ところが、それに対してどのような立場の人も一様に「ああ観光旅行をなさいましたか」というのである。はじめは「いいえ、ただの観光ではなくて……」といっていいわけしていたのだけれど、だんだん観光旅行に違いないと思うようになった。

加害といったところで実行したのは自分ではない。誤解をおそれずにいえば、自分でない以上、加害を糾弾することは被害者の立場に立つことではないか。それも父祖のしたことを追及するのであれば却ってストイックな満足感が得られるのではなかろうか。

中国のいまを生きている人々にしてみればいまさら富める国の幸せな人々にわびて貰ってもどうなるものでもない。

それも、高いお金を払って飛行機で飛んできて観光バスを借りきってホテルを泊まり歩くのだから観光といわれるのも当然である。

滞在が長くなるにつれ、わからないことがふえるばかりである。

中国にくるのが九月ときまったとき、直接の反対運動に参加できないうしろめたさはあったが、「即位の礼」も「大嘗祭」も見ないですむ、と思ったものであるが、いざその時期になって、ラジオ日本などで集約的に報道されるものが耳に入ったりすると、いらだちがつのった。日本から回送された郵便物の中から、反天皇制関係の集会ビラやポスターを部屋にはりめぐらしてみたものの、訪ねて来た学生どもの中に「知っています。こんどの天皇の名前アキヒトです」などというヤツがいたりして、いらだちは一層であった。

やはり、きちんとみてきちんとハラをたて、するべきことをするものである。

国内におられたみなさん、ハラが立ちましたか。

増補

増補1

天皇制と道徳の教科化

やっぱり「おことば」は「勅語」だった

小学校で執拗に教えられたので決して忘れることはない。天皇が国民に言った〝ことば〟が勅語で、書いたものは詔書である。

2016年7月13日、NHKのスクープに始まり、8月8日には「ビデオメッセージ」(おことば)が流れて、退位を含め皇室の在りようを論議してほしいという意向が示されると、70年経っても大日本国憲法・教育勅語から脱出できず、主権在民が身に着かない国民は、勅語のように受け取り退位願望と信じてしまった。「平成の人間宣言」「平成の玉音放送」と言った人もいる)論議を避けたい政権は、国民の支持に押されるようにして、憲法を無視し、政治が実現に向かい、一連の代替わり行事が行われてしまった。まさに大日本帝国憲法下ではないか。

2018年4月から小学校で、道徳が教科化された(中学では2019年度から)。

２００６年改悪教育基本法の「伝統文化を尊重し、それらをはぐくんできた我が国と郷土を愛するとともに、他国を尊重し、国際社会の平和と発展に寄与する態度をやしなうこと」を掲げ、22の徳目ごとに教材で具体化した検定教科書による授業が始まっている。教科化に対して私たちは教育勅語・修身の復活だと言って、１９５８年の導入以来60年に亘って反対してきた。修身と言えば私たちが使った第３期国定教科書世代では、「テンノウヘイカバンザイ」（54頁参照）で始まり、代表は「シンデモラッパヲクチカラハナシマセンデシタ」で有名な忠義のキグチコヘイと親孝行な二宮金次郎であった。その「二宮金次郎は家が大そうびんぼふであったので、小さい時から、父母の手だすけをしました。……」という書き出しは、私の中で貧乏＝孝行と結びつき「私の家は金次郎の家ほど貧乏ではありませんので親孝行はできません」と感想文に書いて母を嘆かせた。今検定済みの教科書をめくると、パラリンピックがらみもあり頑張る障害者が次々に登場する。その頑張りは感動を超えて、「私は障害者ではありませんから頑張れません」と言う子が現れないとは限らない。

道徳の教科書は天皇や元号に触れていない

ところで天皇、当時に比べれば天皇・皇族は身近である。よく歩き回り、新聞やテレビに現れない日はない。歩き回った跡には碑や看板ができる。興味本位な情報もあふれている。自民党憲法改正草案は元首化を目指している。いまこの国でよりよい生き方を学ぶには天皇制については真剣に論議しなければならない。天皇を崇めることはその父祖の戦争を肯定することにつらなる。しかし道徳教科書は天皇や元号にほとんど触れていない。わずかに背景にみえるくらいである。文部科学省（以下文科省と略す）は皇室とのよい関係をほのめかしている。書く条件は揃っているのに書かないのはきちんと書くのは憚られ、中途半端に描けば、左右からの攻撃を受けることを恐れているからであろう。私たちも天皇・国旗・国歌などの記述は少ないほうが良いという消極的な対応しかできていないのが現実であるが、次回の検定からは本性が現れるだろうし、道徳の性根が明らかになったのだから、覚悟してかからなければなるまい。

忖度、パン屋を和菓子屋に

政権の不祥事が次々に続き、内閣支持率は下落するのに、野党の支持率は一向に上がらないし、まとまらない。不祥事を起こすのは財務省などの官僚機構であるが、そこには安倍総理への忖度がある。森友学園問題―国有地が森友学園に破格の安値で払い下げられたこと、さらに財務省が関係文書を改ざんした事件でも官僚たちが首相意向を忖度してのことであることは明らかである。官僚たちの違法行為も辞さない忖度が、一人の人間を自殺に追い込んでいる。国家に違法行為を強いられて自殺をしたということは、犯罪国家に個人が従わされるという全体国家状況が作り出されているということである。この国ではもう安倍の意向を忖度することが、安倍政権統治下での基本ルールになってしまっている。

2018年4月から小学校において実施されている道徳の教科化は、修身の復活と言われているように、国家による価値観（愛国心）の押し付けという大きな問題であるが、教育勅語から脱出していないからこそすんなり受け入れてしまうという問題でもある。教科化によって評価が行われることになり、個人の道徳性について学校という公的機関が判断するわけだから「大問題」でない筈はない。新たに教科書が作られ、文科省による検定、教育委員会による採択をへて、児童に配布されている。その検定過程は、女性週刊誌にも載り、教科書会社が文科省の指示に従って、パン屋を和菓子屋に、アスレチックを和楽器屋に変更したように巷の話題になり、「伝統文化や愛国心を教えるのに和菓子屋・和楽器にすがるとは情けない」と揶揄されたりもしたが、文科省は「『伝統文化の尊重、国や郷土を愛する態度』の扱いが不適切」という意見を述べただけで、変更は専ら教科書出版会社の「忖度」「自主規制」によるものであった。

教科書は商品である。商品になるためには検定に合格しなければならない。商品は売れなければならない。売れるには教育委員会に採択されなければならない。（教師の採択権は無償化と引き換えに奪われている）教科書出版会社は2004年のN社の倒産を忘れない。かつて多くの中学校で使用されていたN社版歴史教科書は「新しい歴史教科書を作る会」などの跋扈の中でも、「従軍慰安婦」や「侵略」など加害の歴史もきちんと記述し続けた。結果、検定は通り、現場の期待は高かったが、激しい「自虐」攻撃を受け、混乱を恐れた教育委員会が全く採択しなかったため倒産に陥った。こうして教科書は政権の思うままになってきている。

戦後はじめての小学校道徳教科書の検定――2018年

2018年度から使用小学校道徳教科書は、戦後初めての道徳教科書の検定とあって、不合格を恐れて8社とも自社の特性を出すことなく必要以上に学習指導要領・解説の意を慎重に忖度した結果、どれも似たり寄ったりである。22の徳目は修身を彷彿とさせる。予想された育鵬社は出さなかったが、育鵬社から流れてきたメンバーが加わった教育出版社版が代わりを果たしている。国旗・国歌を異常に大きく扱い、オリンピックで歌われる旗・歌が、国旗・国歌に限られているように書き、君が代斉唱時の起立・礼の行動を写真入りで説明したり、安倍を含む政治家の写真を必然性もなく取り上げたりで問題が多く採択の争点になったが、採択されたのは57万1338冊、割合では8・6%である。といっても57万人の子どもが学ぶわけである。

その問題の教育出版社版であるが、6年生用にアイヌについての記述がある。全教科書66冊の中でただ一篇なので、とりあえずよくぞと言う向きもある。「アイヌのほこり」と題して、「アイヌとは、遠い昔から北海道を中心にした地域にもともと住んでいた人たちのこと

『とびだそう未来へ　中学道徳３』（教育出版）

です。明治時代以降、アイヌは、住む土地を奪われるなど厳しい差別を受けてきました。」という前置きもあり、内容としては伝統文化を伝える活動をしている宇佐照代さんを紹介するものである。これについて北海道教組は、政府のアイヌモシリ侵略・植民地主義などを不問に付し、アイヌ復権を文化面だけに留めていることは、新たな同化主義に陥る危険があるのではないか、と指摘している。

２０１９年度から使用される中学校の道徳教科書については小学校同様８社が参入しているが、光文社が退いて「日本教科書株式会社」なるものが加わってきた。日本教科書は、日本教育再生機構の理事長八木秀次が代表で、「ヘイトスピーチ本」「嫌韓本」などを出している晋遊舎ビルに在り、事実上一体の会社である。日本会議の求めに応じてか、大嘗祭や伊勢神宮紹介もあり、愛国心・自己犠牲・自己責任を強調しており、22項目すべてに4段階自己評価を求めている。また、教育出版社が、小学校版同様偉人伝が多く、日本賛美でやはり自己評価（３段階）を求めている。そのため採択の取り組みに当たってはこの２社を阻もうという声が飛び交った。甲斐あって幸い日本教科書は大田原市（1）、小松市（2）の3地区に留まったが、基づいているのは同じ学習指導要領である、他の6社が良いというわけではない。めざすのは採択権を取り戻す取組み、ひいては教科化返上である。さらには道徳科の返上である。

道徳が教科に至った経過をひもとく

戦前の道徳教育は教科「修身」で行われ、文部省令で教育勅語の趣旨に基づくことが定められていた。

１９４７年──教育基本法。１９５８年──「道徳の時間」。１９８９年──「郷土や国を愛する心」。２００２年──「心のノート」、２０１４年──「私たちの道徳」

１９４７年、教育基本法公布。日本国憲法の理念を教育の理念目的として学習指導要領は試案で教育課程に道徳の文字はなかった。１９５８年文部省は学習指導要領を官報に告示した。法的拘束力をもつとし、教育課程に愛国心を含む36項目を列挙、「道徳の時間（年34〜35時間）」を特設した。以後１９６８年、１９７７年と改訂が続くが１９８９年には22項目の中に「郷土や我が国の文化と伝統を大切にし先人の努力を知り、郷土や国を愛する心を持つ」が盛り込まれるに到った。２００２年には7億３０００万円をかけて「心のノート」

（小学校低・中・高学年、中学生用を作成、全小中学生に配布し、使用を強制した。「心のノート」は2014年全面改訂され、副読本「私たちの道徳」になり、内容はかなり検定教科書に採用されている。

2006年――教育基本法改正

第1次安倍政権は（2006年9月～2007年8月）は2006年12月19日、憲法と一体のものとして制定された教育基本法を〈個の教育から国家の形成者の育成に〉改悪した。それについて安倍首相は「教育の目標に日本の歴史と文化を尊重することができた」と誇らしげに語り、さらに、「わが国と郷土を愛し、文化と伝統を培うとともに、われわれ大人は道徳をきちんと教える責任があるのです」と述べている。この安部の念願が今回の道徳の教科化の実現に至るのだが、もとは第1次安倍政権の「教育再生」政策にあった。首相直属の教育再生会議が「第2次報告（2007年6月）で「道徳の教科化」を提言し、伊吹文明文相（当時）が中教審に諮問しているが、当時は、評価や検定教科書作成など問題が多く、正規の教科に馴染まないとして実現しなかった。それを2011年の大津の中学生がいじめで自殺した事件を利用して浮上させた。第2次安倍政権が2013年1月に設置した首相直属の教育再生実行会議は、わずか3回の議論で「いじめ問題等への対応について第1次提言を出し、「いじめ防止対策推進法（2016年6月制定）」の制定と道徳教育の教科化が必要と主張した。これを受けて下村博文文相（当時）は中教審に諮問せず、「道徳教育の充実に関する懇談会」を設置。この懇談会に貝塚茂樹ら道徳の教科化を推進者を入れ、2014年2月、「道徳の教科化が必要」という報告を出した。実行会議の提言とこの報告に基づいて下村文相は道徳の教科化について中教審に諮問した。諮問に先立ち中教審の再度の反対を避けるため桜井よし子らを中教審委員に任命していた。そうして中教審道徳教育専門部会が「特別の教科道徳」として正規の教科に格上げするという答申を出し、答申は、道徳教育は教育の中核をなす。1、正規の教科として義務化する　2、道徳を要（かなめ）に教育活動全体で展開する。3、検定教科書を導入する。4、数値的ではないが教育の効果や行動面を文章で評価する。というもので、2018年4月からほぼこの通りに施されている。まさに教育勅語の復活である。

振り返ってみれば、それまで試案であった学習指導要領が官報に告示され法的拘束力を持つとされたのが1958年、その改訂に道徳が導入されて60年、その間実態として道徳の授業が行われることは多くはなかった。それは現場の教師たちはもちろん、世論として、道徳すなわち修身の復活であると拒み、子どもを中心にすえた活動に有効に運用してきたからである。戦前・戦中、教育は教育勅語に基づいてなされてきた。教育勅語を具体化する修身は首位教科としてすべての教科を支配した。今、同様の戦争への道へ踏み出した。

２０１５年３月31日告示――新学習指導要領

２０１５年３月31日告示の新学習指導要領は、子どもが国家・社会に役に立つ人材として身につけるものとして、「学力」ではなく「資質・能力」を規定した。その育成すべき資質・能力の頂点に立つのが道徳性とした。それまで指導要領は教育内容だけを決めていたが、新指導要領は指導方法・学び方・評価・学校管理を一体として国が管理することを目指している。

今、あらためて子どもたちに渡された教科書を見ると週1時間、年間35時間に合わせて徳目に沿った35の教材が並んでいる。目標の「道徳的諸価値についての理解を基に、自己を見つめ物事を多面的・多角的に考え、自己の生き方についての考えを深める学習」に照らしてみると、まず、今この国に生きる者として避けることのできない原発問題を避けていることである。60冊のどこを見ても、この基本的な課題は出てこない。迫っている課題山積の原発問題を避けている。東日本大震災については、２０１１年３月11日、福島県新地駅に停車中の列車から、無事全員避難できた「20分の出来事（学研５）。同日、茨城県日立市における地震に続く津波に伴うボランティア活動（光文５）。東北のK市における支援活動などなど（日本文教）。こうしたいくつかの記述があるものの、すべて原子力発電事故の影響の少ない地域が選ばれている。おそらく「放射能はコントロールされている。東京は安全だ」と虚偽の発言をしてオリンピックを招致した政権による国策であろう。復興五輪は棄民政策であることがつぎつぎに明らかになってくるというのに。さらにもう一つ、日本人としての自覚を言うなら、日本国憲法をきちんと学ばなければならない。そこからしかこの国での生き方は考えられないのではないか。

教科化のきっかけになった大津市皇子山中学校は文科省の「道徳教育実践研究事業」の推進指定校で文科省発行の道徳副教材「心のノート」や「私たちの道徳」を使って熱心に実践していた。このことからも文科省流に道徳を教科化してもいじめがなくなるわけではないことが分かる。いじめは続いている。凶悪な事件も続発している。いま、相模原やまゆり園事件の加害者植松聖が裁かれている。はたして加害者は彼ひとりだろうか。優生思想や障害者差別は巷に満ち満ちている。彼を加害に至らしめたものこそ裁かれなければならない。

このような世のなかに徳目の形ばかりの礼儀・作法や思いやりを教えることは国策ロボットの育成にほかならない。あらためて道徳教科化の返上と06教育基本法撤回を提唱する。

先日電車の中で豪華なランドセルを背負った子にあったので「素敵なランドセルね」といったら、くるりとこちらを向いて「ありがとうございます」とお辞儀をした。道徳教育の成果かと思ったけど、電車から降りてエレベーターに向かったらさっと若者たちにふさがれてしまった。

増補2
パラリンピックは障害者差別を助長する

国威高揚をめざすオリンピック

1932年という年は、東北地方では、農民たちが冷害による不作で飢えに苦しんでいた。2月には第一次上海事変で爆弾三勇士の爆死が軍国美談になった。3月には満州国が建国を宣言した。5月には犬養毅首相が青年将校に殺害される5・15事件が起こった。第10回ロスアンゼルス・オリンピックは、その7月3日に始まった。当然のこととして選手は国威高揚・愛国心に燃えていた。国策・国威高揚のプロパガンダにはまず子どもが狙われる。学校教育はもちろん、あらゆる手段で。

兄の愛読書『少年倶楽部』(1932年10月号)は特集を組んだ。たくさんの写真に添えられたサトウ・ハチローの文章が幼い私をも奮い立たせた。

入場式の場面では「秩父宮殿下から賜った大日章旗を先頭に翻したわが代表選手・役員171名が威風堂々と入場してくる光景をご覧ください。皆さん、この写真をじっと見つめ

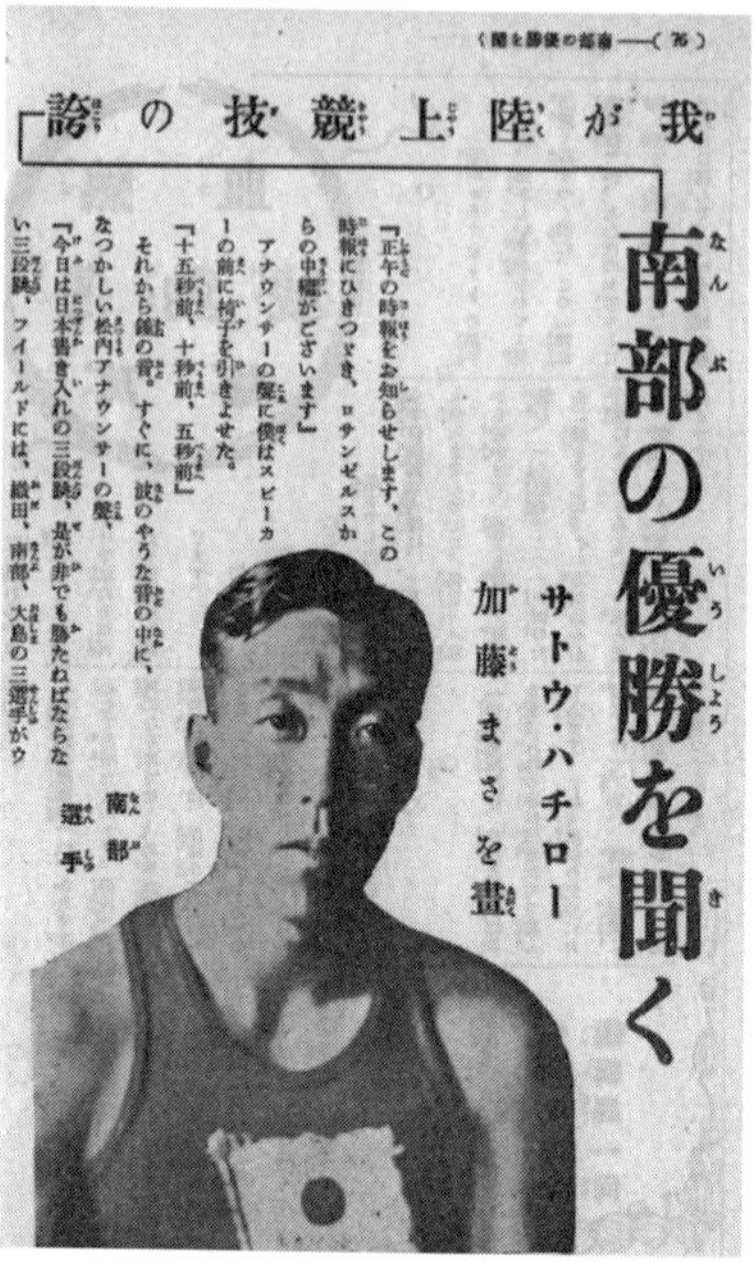
南部の優勝を聞く——（76）

我が陸上競技の誇

南《なん》部《ぶ》の優《いう》勝《しょう》を聞《き》く

サトウ・ハチロー

加藤まさを畫

「正午の時報をお知らせします、この時報にひきつゞき、ロサンゼルスからの中継がございます」

アナウンサーの聲に僕はスピーカーの前に椅子を引きよせた。

「十五秒前、十秒前、五秒前」

それから鐘の音。すぐに、波のやうな音の中に、なつかしい松内アナウンサーの聲、

「今日は日本書き入れの三段跳、是が非でも勝たねばならない三段跳、フイールドには、織田、南部、大島の三選手がウ

南部選手

サトウハチローが書いた「南部の優勝を聞く」『少年倶楽部』（1932年10月号より）

ていると、瞼が厚くなってきますね。」といった具合である。まるでジーンとこなければ日本人ではないような書きぶりである。（サトウ・ハチローは戦前戦後に亘ってたくさんの童謡や小説を書き作家・作詞家協会会長、音楽著作権協会長などを独占し、軍歌も作り戦意高揚にも熱心であったが、1966年に紫綬褒章、1973年には瑞宝章を受章している）

続けて陸上三段跳びの南部忠平選手の優勝式の場面を書いた。

「君が代吹奏に合わせてスルスルとマスト高く日章旗が上がりました。（中略）、南部はカメラに向かって『只今、南部忠平優勝いたしました。』この言葉をよく聞け諸君、この言葉は南部がいかに国を愛しているか、いかに陛下のよき民であるかをはっきり示すものである。そのあとに大きな声で『日本万歳』と言ったそうである。南部！　僕の南部、日本の南部、世界の南部、僕は君を愛する。僕は君の友情と優勝に感謝する。僕は日本の詩人として、君の美しい友情と優勝を、讃歌となすつとめを持つ」

こうしてオリンピック＝愛国心は子どもたちの間に染み込んでいった。

ウソをついてまで誘致した2020東京オリンピック、その意図は明らかである。返上しかない。

聖火リレー

組織委員会が、2020年東京オリンピックの聖火リレーの国内の出発地を福島と決め、3月26日から121日かけて循環することになった。前回1964年同様、沖縄からという意見もあったが、やはり復興五輪で落ち着いたようだ。

聖火リレーといえば、沿道に並んで旗を振らされた思い出が語り草になっているが、今や復興五輪の象徴に仕立てられ、国民総動員に利用され、それを担ぐ自治体同士の奪い合いさえ起こった。

始まりは、1936年のベルリン・オリンピックだった。「古代と現代をオリンピックの火で結ぶ」として創案された。7月20日、オリンピアのヘラの神殿前で巫女姿の女優が太陽光線から採火し、ギリシャ→ブルガリア→ユーゴスラビア→ハンガリー→オーストリア→チェコスロバキアを経由してベルリンに入り、8月1日聖火台に点火された。総距離3075km、ランナーは3000人を超え、このリレーが多くの人に感動を与えた。

オリンピックがナチスのプロパガンダであったことはよく知られている。この時ナチスは、沿線地域の地形や政情を詳しく調査したと言われており、事実、第2次世界大戦が始まると、このコースを逆から攻め込んだ。

その後戦争で2大会が中止される。戦後初めての1948年ロンドン大会（日本・ドイツは参加を拒否されている）では、聖火リレーについて、「戦争の張本人であるナチスが考案したものをなぜ平和の祭典で踏襲するのか」という声があった。しかし、ベルリン大会で感動した委員たちの、「聖火リレーは大会の華である」という主張で継続することになった。

そして1964年東京であるが、聖火リレーは政治と無関係ではなかった。8月22日、オリンピアで採火された聖火は、聖火空輸特別機シティ・オブ・トウキョウ号でイスタンブール（トルコ）→ラホール（パキスタン）→ニューデリー（インド）→ラングーン（ビルマ）→バンコク（タイ）→クアラルンプール（マレーシア）→マニラ（フィリピン）→香港→台北の11の中継点を経て、9月7日沖縄に到着した。このルートはかつて日本が占領した国が含まれている。聖火を平和のシンボルとして位置づけようという意図が見える。肝心な中国・朝鮮半島は素通りしている。台北のあと入った沖縄は、まだアメリカの占領下で、復帰運動の中にあった。

沖縄を通過した後、鹿児島・宮崎・千歳をそれぞれ起点にして4コースに分かれて、すべての都道府県を回ったのち、東京都庁に集まり、皇居前の聖火台に移された。リレー参加者は、10万713人に及んだ。

さて２０２０年東京オリンピックだが、原発事故で溶け落ちた炉心は手つかず、放射線汚染物質で汚染され続ける福島の野山を、どのようにリレーするのか。

パラリンピックについて一言

わたしが90歳を過ぎても元気でいるのはたまたまそうであって、特に健康法などを志向したわけではなく、むしろ何もしなかったからである。そもそもスポーツには関心がない、野球のルールさえ知らないし知ろうとも思わない。ましてコンマ以下の数字を競う高さや速さにはまったく興味がない。ただ逃げ足だけは速いほうがいいと思っている。何かスポーツに関わるイベントがあって人びとが夢中になって騒ぐ時は、私にとっては「ひと休み」の時である。

スポーツに関わる文章など書く資格もないし書きたくもない。が、〝憐れみの心をもって障害者の努力を讃え、健常者を激励し、肝心な障害者を差別する〟パラリンピックについてなら共に生きることを目指しているものとして一言。

急増するパラリンピック報道――合同パレードは対等への一歩か

「スポーツを通じてすべての人々が幸福で豊かな生活を営むことができる社会」の創出を目指す「スポーツ基本法（２０１１年）」の理念の実現に向けて、文科省の外局としてス

35 社会 14版 2016年(平成28年)10月8日 土曜日

活躍・感動 4年後も

メダリストたちのパレードに多くの人が集まった＝7日午後、東京・日本橋、長島一浩撮影

沿道に笑顔と歓声があふれた。東京都内で7日にあったリオデジャネイロ五輪・パラリンピックのメダリストによる合同パレード。4年後の東京開催に向け、選手たちはさらなる飛躍を誓い、見守った人は期待をふくらませた。▼1面参照

4年前のロンドン大会は五輪選手だけでパレードをしたが、今回は日本選手団として初の合同開催だった。五輪はメダリストの58人中50人、パラリンピックは38人中37人が参加した。

五輪レスリング女子48キロ級金メダルの登坂絵莉選手(23)は「視覚障害の方の杖を触らせてもらい、ガイドランナーとの練習の話を聞いた。一緒にパレードできたことが、私にとってもいい経験になった」。パラリンピックの競泳（視覚障害）で二つの銀、二つの銅メダルを獲得した木村敬一選手(26)は「熱気を感じ、たくさんの声が聞こえ、本当にうれしい時間だった。五輪の選手と同じように扱ってもらえたこともうれしい」と感想を語った。

参加した選手たちは改めて、4年後の東京大会に意欲を高めていた。五輪陸上男子400㍍リレーで銀メダルに輝いた桐生祥秀選手(20)は「東京でリレーでも個人でも結果を残し、またここに立てるように頑張りたい」。パラリンピック陸上女子400㍍（切断など）銅メダリストの辻沙絵選手(21)は、「上も下も横も、どこを見ても多くの方がいて、名前を呼んでもらい、本当にすごく幸せな景色でした。東京ではさらに多くの方に見てもらいたい」と思いをはせた。（前田大輔、伊木緑）

対等へ一歩・文化・歴史発信

沿道の人々 思い様々

沿道の人々は、様々な思いでパレードを見つめた。

「パラリンピックの選手、すごくいい顔してる」。横浜市南区の山口浩美さん(43)は、電動車いすから身を乗り出してカメラのシャッターを切った。

保育園で働いていた30歳のとき、脳性まひと診断された。徐々に筋肉のこわばりが広がり、3年前に自力で歩けなくなった。

リハビリが思うようにいかないと、自分を責めた。そんなとき、パラリンピック競泳(知的障害)で銅メダルを獲得した津川拓也選手(24)が「僕は頑張りました」と答えた姿に胸を打たれた。「自分の頑張りを素直に誇っていた。私も今の自分を認めてあげなきゃ」

4年前のパレードは自分の足で歩いて来た。今回は周りの邪魔になるかもしれないと一度は諦めたが、車いす用の観覧席ができ、見ることができた。「観覧席の設置やパラ選手のパレード参加は障害者を対等に思う気持ちの一歩。4年後に向けてもっと広がってほしい」と話した。

日本橋北詰商店会の会長で、老舗「山本海苔《のり》店」副社長の山本泰人《たいと》さん(68)は、前回銀座止まりだったパレードが日本橋まで延びたことを喜んだ。

1964年の東京五輪のときは高校生。日本橋の真上に首都高速が通り、景色は大きく変わった。いま周辺は、2020年に向けて再開発が進む。「日本橋は東京の原点。今回のパレードや東京大会を機に、文化や歴史を改めて発信していきたい」（牛尾梓、坂本進）

パラリンピックメダリストの銀座パレード（『朝日新聞』2016年10月8日付）

ポーツ庁が創設（２０１５年）された。２０１４年からは障害者スポーツに関する事業は厚生労働省から文科省に移管された。これに伴ってオリンピック競技のみを対象にしていた施策についてパラリンピック競技も一体として推進することになった。

２０１６年10月7日、リオ五輪・パラリンピックメダリストの銀座パレードの人気はすさまじかった。２０１２年8月のロンドン大会後の場合は、五輪メダリストのみで50万人が集まったそうであるが、今回はパラリンピックのメダリストとの合同パレードで距離も長くなり観衆も大幅に上回った。観衆はパラ・メダリストにより注目し、大きな歓声を上げた。障害に配慮して車椅子の為の観覧席も設けられた。車椅子席から見ることができたという障害者は身を乗り出して「パラ・メダリストが自分の頑張りを素直に誇っている姿に感動した」と言い、選手団副団長は「共生社会を作っていく一歩だと思う」と言った。メダリストも「五輪の選手と同じように扱って貰えてうれしい」と語った。

ほほえましく思える場面もあったがこれを対等への一歩とみていいだろうか。本流があっての合流であって、同じではない。所詮、障害者差別は厳然として存在するなか障害者が健常な部分を鍛え、機器の力を駆使して勝ち進んだ人たちである。、差別は拡大したというべきである。手厚い配慮で差別が進行する。

オリパラ教育でも

東京都教育委員会は２０１６年1月「東京都オリンピック・パラリンピック教育」（以下オリパラ教育）実施方針を策定、９５００万円かけて国旗・国歌の尊重を強要した「オリンピック・パラリンピック学習読本（小・中・高）を作成配布し、4月から年間35時間（週1時間）、都の公立学校に五輪教育を義務付けた。どの学校も「学力向上」のための授業時数の確保が大変であるが、オリパラ教育はかまわず降りてくる。4年生以上にはオリパラノートが配られている。２０２０年まで書き続けなければならない。各学校30万円のオリパラ教育予算も降りている。オリパラ教育で育成すべき目標は1、ボランティアマインド、2、障害者理解、3、スポーツ志向、4、日本人としての自覚と誇り、5、国際感覚であるからゲストに障害者選手は都合がよい。ある小学校では、視覚障害者で北京パラリンピックの柔道代表だった人が選ばれた。生い立ちからパラリンピック柔道を始めるまでを語り、映像で様々な障害者の競技を見せ、実演で柔道を習っている高学年の児童に自分を投げさせ、黒帯の教員を投げて会場を沸かせ、最後に「柔道をやってよかったことは？」という問いに胸を張って「アジア大会で優勝して日の丸が上がり、君が代が流れたこと」と答えた。子どもたちは選ばれた障害者によって5つの目標に沿った学習をし、ノートに書き込んだが、身近にいる肝心な、できない障害者に思いを致すことはなかった。障害者理解とはできない障害者こそが対象ではないのか。

戦傷者のリハビリから始まった

１９６０年ローマ・パラリンピック大会では9競技であったが、２０２０年東京大会では２０１６年のリオと同様に次の22競技５４０種目が行われる。

陸上　アーチェリー　ボッチャ　カヌー　自転車　馬術　サッカー
ゴールボール　柔道　パワーリフティング　ボート　セーリング　射的
水泳　シッティングバレーボール　卓球　トライアスロン
車いすバスケットボール　車いすフェンシング　車いすラクビー
車いすテニス　バドミントン　テコンドー

ボッチャのように障害者のために考案された競技もあれば、健常者のスポーツと同じ種目でもそれぞれ障害に応じたルールにも工夫がみられる。大きな特徴はそれぞれの競技が障害の程度によって行われることである。なるべく同じ程度の障害者同士で競えるように障害の種類・部位・程度によるクラス分けをする。そのため、例えばパラリンピック陸上競技の１００m競走では障害のクラスに応じて男女合わせて29ものメダルがある。これではメダルの値打ちが低いと言われるが、公平を保つためである。考えてみれば大変な分断ではないか。年齢や性別による区分と違って障害の軽重による分断で、できない障害者を排除するパラリンピックという別枠スポーツ世界を築き上げてしまったと言えよう。その範疇で選手は競って重い判定を望む。

スポーツを取り入れたグッドマンの戦傷者教科訓練

1939年、ナチス・ドイツがポーランドに進撃を開始し第二次世界大戦が始まった。1940年にはパリもドイツ軍に占領され、救援のイギリス軍も敗れ、ダンケルクからイギリス本国に敗走した。連合国軍は欧州大陸への反攻を計画するなか、この大規模な作戦には多くの負傷者が出るという前提で対策を立てた。戦傷者を受け入れる病院も専門別に立案し、イギリスでは1944年脊髄損傷専門病院をロンドン郊外のストーク・マンデビルに建設した。院長はルードヴィッヒ・グッドマンであった。この脊髄損傷専門病院はバラックの粗末なものであったが周到な準備をして連合国軍のノルマンディー上陸を待った。戦闘は連合国軍の勝利に終わったが、おびただしい数の兵士が脊髄損傷者となって送り込まれてきた。脊髄に損傷を受けた場合、その回復が容易でないことを知っていたグッドマンは「残存」能力の強化訓練に努力し、その手段としてスポーツを取り入れた。競い合う（勝者と敗者を作る）スポーツの効果は大きく、受傷から6カ月で社会復帰をするという成果を上げ、信じがたいが、その8割が何らかの形で就職したと言われている。成果が讃えられるなか、成果の上がらない「敗者」の消息は分からないが、悲惨なものであっただろう。

成果を披露する場として、グッドマンの指導で1948年ストーク・マンデビル病院で両

朝日新聞（夕刊）　2018年(平成30年)10月12日(金)

「障スポ」と歩む皇室

皇太子さまは12日午前、福井市で13日に開かれる全国障害者スポーツ大会の開会式出席に向け、羽田発の飛行機で出発した。来春に即位を控え皇太子として最後の出席となる。「障スポ」は今では国体に続く形で毎年開催されているが、その始まりには苦労もあった。後押ししたのは、天皇、皇后両陛下だった。

日本障がい者スポーツ協会の資料などをひもとくと、両陛下と大会との関わりは1964年の東京五輪後に開かれたパラリンピックにさかのぼる。

パラリンピックは、ロンドン郊外の病院で戦傷者のリハビリとして48年に開かれたスポーツ大会が起源。60年にローマ五輪に続く形で第1回のパラリンピック

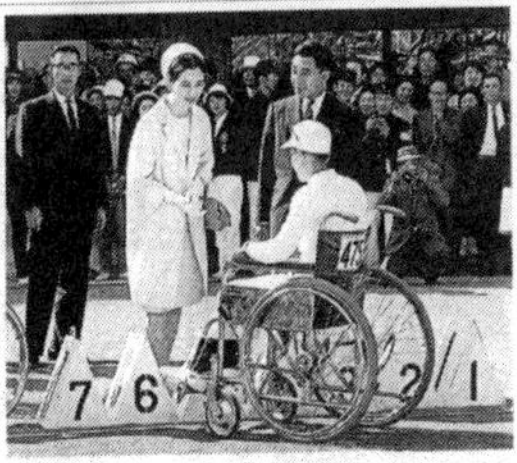

競技場のグラウンドに下りて車いすの選手に声をかける皇太子ご夫妻時代の両陛下＝1966年11月、大分市

大会応援し続けた両陛下　思いを継ぐ皇太子さま

民間機で出発する皇太子さま＝12日午前、羽田空港、林紗記撮影

が開かれた。

4年後に東京五輪の開催が決まっていたが、パラリンピックは未定だった。当時国内は障害者への理解が乏しく「障害者は見せ物ではない」などと、開催に否定的な声も根強かった。

だが、ローマでパラリンピックを見た女性が、福祉の活動をきっかけに皇太子妃だった皇后さまに国内での開催を相談。皇太子だった天皇陛下とスポーツや福祉の関係者から意見を聞き、結果的に関係者間の「橋渡し」を担った。

思いを直接伝えたこともあった。両陛下は62年8月、国際大会に出場した選手らを東宮御所に招き、卓球で対戦。その際、陛下は「東京の大会をぜひ開催して欲しい」と関係者に伝えた。64年、東京五輪に続いてパラリンピックが開かれると、陛下は大会の名誉総裁となり、皇后さまと競技会場に複数回足を運んだ。

閉会後、両陛下は東宮御所に大会役員らを招いた。日本身体障害者スポーツ協会（当時）の創立20年史によると、天皇陛下は「国内でも毎年行って、皆様もこれから身体障害者の福祉向上のため、更に一層努力されることを希望します」などと伝え、その場で大会幹部が「今後、毎年国体の後を追いかけて開催するように致したい」と答えた。

これを受け、翌65年に岐阜県で第1回の全国身体障害者スポーツ大会が開催される。両陛下は90年に皇太子さまに引き継ぐまで、ほぼ毎年開会式に出席。その後も選手らを皇居での茶会に招くなど交流を重ねた。

皇太子ご夫妻も思いを継承してきた。2000年の富山県での大会ではお二人で卓球のラケットを握り、選手と打ち合って会場を沸かせた。10年の千葉県での大会では、歓迎式典で皇太子さまが手話の練習に参加する場面もあった。

日本障がい者スポーツ協会の山田登志夫常務理事は「両陛下をはじめ皇族方の出席は多くの障害者の励み。スポーツを通じた自立や社会参加への大きな貢献となっている」と話す。

（多田晃子）

身障者スポーツ大会に出席した皇太子（『朝日新聞』2018年10月12日付）

下肢マヒ者の競技会が開かれ、それが「ストーク・マンデビル・ゲーム」と呼ばれるようになり、1952年には国際的な両下肢マヒ者スポーツ競技会に発展した。さらに1960年にローマでオリンピックが開かれるにおよび車椅子で生活している重度身障者の競技大会がパラリンピックの名の下に開催されるに至った。（パラリンピックとは両下肢マヒの「パラプレジア」と「オリンピック」を合成した語である）。

振り分けの基準が整う

1964年の東京大会で国際パラリンピック委員会（IPC）が

ローマ大会に続き「第2回パラリンピック」と認めているのは脊髄損傷による車椅子使用者を対象にした第一部だけで、（すべての身体障害者を対象にした第二部は認められなかった）21カ国・地域から375人の選手が参加し9競技144種目で争われた。以来、1976年トロントからは少し出場資格が広がり視覚障害者と四肢切断者が可能になった。1980年オランダ・アーネムでは脳性まひ者、1988年ソウル大会からは他の身体障害者も出場できるようになった。IOCの理解も進み「パラリンピック」が正式名称になり、「もう一つのオリンピック」という考えが定まってきた。

夏の大会だけであるがこうしてみると大会ごとに整ってきたように見えるが、よく見ると障害者の振り分けの基準が整ってきたということである。制度が整うごとに、できないことを弁えざるを得ない障害者が存在しているはずであるが、敢てそこを無視するのが競争の理である。排除が進む。施設などに行かざるを得ない人が作られる。人の心のバリアフリーも障害者の能力を過小評価してあわれむか、過大評価して賞讃するのかの二極化に陥りかねない。

戦争をするには国民の逆らわない心と丈夫な体が必要である。もう国民の心も体も国に奪われてしまっている。健康増進法（2003年施行）は健康を国民の責務としている。とすれば責務を果たさない弱者は非国民であろう。私も間もなくその範疇に入る。その範疇から脱した者がメダルを貰い国威の高揚に政治利用される。勝つためには装具も選ばねばならないが、「車椅子の性能ではなく技術の優劣を争いたい」と選手がつぶやく状況がある。メーカーも研究に励み競い合っている。スポンサーの力も大きい。先日或る小学校3年生の教室でパラリンピックの絵をと言ったら、真っ赤なコカコーラの壜を書いた子がいたという。大事なスポンサーだそうだ。日本財団パラリンピックサポートセンターなども名を連ねている。スポンサーと同列では失礼かもしれないが、第一回身障者スポーツ大会以来皇太子が参加してきていて、国体（健常者）は天皇、身障者スポーツ（障害者）は皇太子という差別的慣例で障害者スポーツとの関係は深い。憐れみやすいのだろうか、それとも虐げられてきた故になびきやすいのか、東京パラリンピックには全面的にかかわり期間中毎日いずれかの皇族が観戦し、終了後も関係者を慰労している。

競わせて勝者のみを成果とし、本当にリハビリの必要な敗者を切り捨ててきたことから始まった、できない障害者を排除する別枠スポーツパラリンピック、敗者の側から一度覆して考え直そうではないか。

増補3

教育勅語から脱却できない日本人

こんにちは、北村です。いろんな人がきてくださっていて、うれしいような、話しにくいような……（笑）。

私がここに用意した資料（次頁）は、一九二六年、私が一歳の時の「大阪朝日新聞の号外」です。小さくて読みにくいですが、大正天皇が亡くなった時、いわゆる昭和がはじまったときの号外です。「改元の詔書發布『昭和』と決定さる」と書いてあります。戦前は、元号は皇室典範で決められていました。皇室典範の文章が、資料の「一九七八年八月一六日付けの朝日新聞」の「論壇」を掲載したページの左下に書いてありますが、今の元号法とほぼ同じです。天皇が替わった時だけ変えるというものです。ただ、今の元号法は一般の法律ですけれど、当時は皇室典範で決められていたんです。要するに私たちの及ばないところで決められていました。この号外でそのことがおわかりいただけるかと思って、載せたわけです。面白いでしょう？ この資料。皇室典範で決められて決定されると書いてあるので、天皇

昭和元年十二月二十五日（土曜日） 大阪朝日新聞 （一）

大阪朝日新聞

十二月二十五日 特別號外

今二十五日官報號外を以て左の如く改元の詔書を發し給ふた（東京電話）

改元の詔書發布

『昭和《セウワ》』と決定さる

詔書

朕皇祖皇宗ノ威靈ニ頼リ大統ヲ承ケ萬機ヲ總フ茲ニ定制ニ遵ヒ元號ヲ建テ大正十五年十二月二十五日以後ヲ改メテ昭和元年トナス

御名御璽

大正十五年十二月二十五日

各大臣副署

世界平和と君民一致を現はす

改元されたる新年號『昭和』の字義は世界平和と君民一致の大義を現はしたものである（東京電話）

御靈柩宮城に還御

二十七日夕葉山發

新帝陛下も同日還幸

新天皇、皇后陛下御同列にて來る二十七日午後二時より三時の間に、葉山御用邸御出發東京に還幸あらせらる、ことに決定した、而して先帝陛下の御靈柩は二十七日午後五時三分逗子驛發東京に向はせらる、ことに決定した（東京電話）

悲しみの涙を押へて

先帝の御間近く

最後の拜訣を申上げた

重臣顯官たち

嚴粛な氣はあたりを

容儀正しく足どりも

大喪使官制

寫眞は

【上右】急ぎ參殿する牧野内府

【上左】葉山の聖上御容態發表所の模樣

【下】今朝の大阪歩兵第三十七聯隊の遙拜式

『大阪朝日新聞』の号外。1926年12月25日付

薪　腰　喜　或

十五　養老

昔美濃の國にまづしい人がありました。山から薪を取つて來て、それを賣つて、くらしを立ててゐました。此の人に年取つたおとうさんがありまして、酒がすきでございました。それで山へ行くにも、へうたんを腰に着けてゐて、かへりに酒を買つて來ては、おとうさんを喜ばせてゐました。

或日山の中で、こけに足をすべらせて、うつむけにたふれました。すると酒のにほひがしますので、ふしぎに思つて見まはしますと、石の中から酒ににた物がわいてゐます。なめてみると、酒のあぢがいたします。喜んで、それからは毎日其の酒をくんで來て、おとうさんに上げました。

都　親孝行　改

いつか此の事が天皇のお耳に入りまして、わざ〱奈良《なら》の都から美濃の國へ行幸《ぎやうかう》になりました。酒の出る所を御らんになつて、

「これは親孝行のほうびに、神々がさづけられたにちがひない。」

とおほせになりました。又まことにめでたい事だといふので、年がうを養老《やうらう》とお改めになつたと申します。

第三期国定教科書　国語巻五（小学校三年生用）

から下されたということになるんです。「御名御璽」とあります。ありがたいものなんです（笑）。

そこを読むと、「世界平和と君民一致を現はす――改元された新年號『昭和』の字義は世界平和と君民一致の大義を現はしたものである」と書かれています。これからの世の中、昭和の世の中はこうなるというふうに宣言したわけです。昭和天皇の言う平和とは、戦争だったわけですよね。戦争の時代でしたが、ここでは平和の時代というふうに書いてあります。

大正天皇は葉山の御用邸で死にましたので、全てここから発せられているわけですね。みんな「葉山發」と書いてある。葉山発で、大阪で作られた新聞なんです。東京でも同じことをしたんでしょうけれど、たまたま手に入ったのが大阪朝日新聞の号外でしたので、使いました。

はさみ込んだ資料の中に、私が習った「第三期国定教科書　国語巻五（小学校三年生用）」の内容の一部を載せました。当時の国語の教科書は前期と後期がありまして、一年に二冊ずつ使いました。

「十五　養老」という課です。読んでいただくとわかりますが、親孝行な人が酒を汲んで帰る。その親孝行なところが天皇の耳に入って、わざわざ天皇が行幸されて、「酒の出る所を御らんになって、『これは親孝行のほうびに、神々がさづけられたにちがひない』とおほせになりました。又まことにめでたい事だといふので、年がうを養老とお改めになったと申します」。というのです。今と違って、こういういいことがあった時に元号を変えるというのが、習わしとしてあったようです。

こういうのをね、まじめに私たちは習ってきました。でも不思議に思いましてね、「この酒、この水、今も出るの?」と、先生に聞いちゃったんです(笑)。思いませんか? だって、湧いて来たわけでしょう? 酒だとわかったから汲んだわけでしょう? だったら、その人が汲んだ後もまだ酒が出るはずよね。その都度出なければだめなのかととっても不思議だったけれど、こういう中でね、不思議に思っちゃいけないというふうに思うことを教えられるんです。学校で習うことについては不思議だと思ってはいけないと。親孝行な人に酒が出た。じゃ私も行こうかなんて思っちゃあだめ、という教え方です。

しかしきちんと今のような道徳ではなくて、国語の中でもいろんな仕組みで自然に教える、というのが戦前のやり方です。修身が首位教科であったということです。今道徳が首位教科とされています。

次に、家永三郎さんが書いた「元号法制化への批判」という、一九七八年八月一六日付けの朝日新聞の「論壇」です。簡単ですが、元号の成り立ちと、それを中国が止めているのになぜ日本がやるのかというようなことと、その習わしのことと、一方的に皇室典範で決められているということの批判など、いろいろなことを書いて元号法に反対しています。私もまだ現場の教師でしたけれど、この元号法制定には反対をしました。

『朝日新聞』（一九七八年八月一六日付）

論壇

元号法制化への批判

忘れてはならぬ思想管理の機能

家永　三郎

1913－2002

日本には固有の年の表記方式はない。甲寅・辛酉などの干支（えと）によるものが、次に元号が朝鮮・中国から移植され、近代に入って西暦が西洋から普及してきた。

「皇紀」（神武天皇紀元）と称するものが一時流行したが、あれは西暦をまねたもので、神前結婚式がキリスト教結婚式をまねたのと同類である。

しかも、一世一元は何万年にわたる長い日本の歴史のなかでの、きわめて新しい、一時的な、政治的意図によって創出された制度にすぎず、長い伝統をもつと考えたらまちがいである。

年号は、はじめ祥瑞（めでたいしるし）により、後に災異により改められるのが慣行であった（斎藤勵「王朝時代の陰陽道」）。天皇の在位期間と元号との関連はなかったのである。

本家である中国では、元号は中国皇帝への臣従服属の意志表明として使用された。朝鮮の諸王朝等が中国の元号を用いたのは服属国であったからである。

日本が独自の元号を用いたのは、中国の服属国でなかったからであるが、日本国内では、正統と信ずる君主への臣従の意志表示であった。安徳天皇と後鳥羽天皇と、北朝と南朝とがそれぞれ対立した期間、一方に臣従する人びとが互いに異なる年号を使ったのは、そのためにほかならない。

一世一元制は、徳川将軍から君主権を収めた明治政府が、新しく主権者となった天皇への臣民の服従を確保する手段の一つとして制度化したものである。しかも、立憲制下、議会の口出しできない皇室の自律法である皇室典範の一条として。

それは、万世一系・教育勅語・君が代・国家神道・教育内容画一化・思想言論統制、その他の、国民思想を権力により完全に統一管理する装置の一環として創出されたものであることを忘れてはならないであろう。

八・一五革命による国体変革の結果、主権が天皇から国民の手に移るとともに、元号制度は法的に消滅した。その復活が憲法に反するのは、上述の歴史的由来にてらし明白である。

明治憲法下で育った世代には、西暦より年号がなじみ深いし、私的に使用するのは自由である。私などメートル法より尺貫法のほうがピンとくるほど古い感覚の人間だから、西暦に統一したいと思っていても、まだ西暦と年号とを併用している。

しかし、法令による強制と私的自由使用とは、まったく性質がちがい、峻別（しゅんべつ）の必要がある。尺貫法のほうになじみ深い世代の不便をがまんしてもらったればこそ、メートル法が定着したのだ。年号になじみ深い人びとは、西暦一本ですませている新しい世代の増加の前に、自分たちの不便を忍ばなければならぬと思う。

しかし、かんじんなのは、元号の法制化が便不便の問題ではないことである。元号は、上述のとおり、権力による国民思想画一化の装置の一つの歯車として設定されたのであり、その一連の装置のもとで達成された「一億一心」が、陸海軍の自由な活動にそのまま利用され、史上未曽有（みぞう）の悲劇におちいった。

関東軍の奉天占領、朝鮮軍の独断越境という「超法規的行動」をきっかけに始まった侵略戦争が、何百万をこえる尊い人命を奪う「戦争の惨禍」を招くいとぐちとなったのであるが、そのきっかけとなった事件は、一九三一年九月のできごととしてでなく、「昭和六年」九月のできごととして報道されている。

「超法規的活動」が公言され、君が代・靖国法案・教育内容統制強化等々の進行するなかで、元号法制化の唱えられているのを聞くと、はだに粟（あわ）の生ずるのを禁じえない。

古来、数多くの私年号が使われた事実を知る人は少ないようだ。年号を使いたい人は私年号として昭和なり、その他自分の好きな年号を使えばよいではないか。戦争放棄・戦力不保持を定めた年を「止戦元年」とするなども、なかなかオツな私年号と思うがいかがです。

（中央大学教授・前東京教育大名誉教授）

皇室典範（明治）　一八八九年二月一一日

第一二条　践祚ノ後元号ヲ建テ一世ノ間ニ再ヒ改メサルコト明治元年ノ定制ニ従フ

戦争が終わってから元号法が制定される一九七九年までというのは、なんの決まりもなかったんです。なんの決まりもなかったけれど、ずーっと元号を使い続けたんです。考えてみたらしまったなあ。使わないでいい時にまで使ってきて、元号をみんなに馴染ませてしまった。使わなくてもいい時、決まってない時は、何も使わなければよかったわけですよ。今考えると、戦後すぐにちゃんとしておけばよかったということがすごくたくさんあります。その時ならばと。でもお上にしてみれば、いつ昭和天皇が死ぬかもしれない。だんだん年取っていくわけですから、早く決めておかないと元号がなくなるという危機感があったんだろうと思ったんで、元号法を制定したわけです。あんまり考えないで反対をしていたんですけれど、確かに昭和天皇の高齢化につれて元号法というのは急がれたんだと思う。ということが書いてあります。

元号そのものと、令和、令和というのも腹が立つんですが（笑）、令和というのは中国から拾ってきた、というんならそれはそれでいいんですけれど、万葉集から拾ったというでしょう。万葉集といわれたら、私たちはすぐに愛国的な歌を思い出すんですよね。人びとが戦争にかり出される時の歌がたくさん載っているわけで、それが戦争中さんざん利用されたんです。だから万葉集だというと愛国の歌だという思いが私たちにはあるわけです。そこから取り出したといわれることに、また腹が立っているわけです。なんとでも使えるものなんですね。

「朝日進学情報」という、『朝日小学生新聞』の宣伝紙があります。こんなものどうでもいいと思って、誰も見ないでたたんで捨ててしまうものだと思うんですが。今塾に通っている子供たち、特に中学受験をしようとしている子供たちにとってみれば、とても大事な新聞なんです。その内容に時事問題があるらしいです。時事問題というのは便利なんですね。入学試験というのは、中学であれば小学校の教育課程に書いてある範囲を超えてはいけないということになっているわけだし、高校受験だったら中学校の教育課程を超えてはいけないということに一応なっているわけですけれど、時事問題というと、これは幅が広いですよね。かなりのことが書けると思うんです。その中で勉強しておかなければいけないのは、「元号だぞ、令和だぞ」、ということが、そこに書いてあります。たぶん「令和」は出るだろうということで、「令和」の字の形、「令」の字が出るのは初めてだけれど、「和」は二〇回目。元号が用いられるようになったのは、大化なんだけれど、大化ならどうして大化になったかという歴史的なことを調べておかなければいけないということなんかがクドクド書いてあります。なんだか「令和」「令和」と言いながら、日本の歴史を、しかも天皇中心の国家、要するに元号が皇室と大変関係があるというところから説き起こした歴史を、きちんと調べておけということです。こうなって来るとやっぱり元号について文句を言いたくなるわけです。

私の周りではね、この間言ったらみんなが笑ったんだけれど、朝日新聞社からこんなものが配られました（下の写真）。本当はここにきれいな立派な字で、たぶん偉い方がお書きになったと思うんですけれど、「令和」と書いてあるわけです。見た途端にちょっとムカついたものだから、扇いでみたらどうも風の具合がよくないので（笑）、さっと思いついてこれを貼ってみたら、まあまともな風になったんです（笑）。でも「令和」を隠してこれを貼りながら思ったんだけれど、いつまで金《かね》子《こ》兜《とう》太《た》の「アベ政治を許さない」の世話になるんでしょうね。いつまでもこの世話になるかというのは、やっぱり情けない話じゃないですか。これじゃない何かを貼りたいですよね。いつまでもこれを貼っているようじゃ、情けないことです。情

朝日新聞が自社の新聞購読者に配った扇子。「アベ政治を許さない」は、著者が貼ったもので、もともとは筆字で「令和」と書かれていた。

けないと思いながら、世の中どんどん酷くなっているわけで、これをくれた朝日新聞は、こういう「元号一覧表」もちゃんとくれましたよ。朝日新聞読んでいると付録でくれるんだけれど、みんな目もくれないでしょう。目もくれるとちゃんとわかるんです。こういうのちゃんと貼っておいたほうがいいですよ（笑）。

どんどんそういうことが進んでいるというついでに、資料に変なものが入っていましたでしょう？　町内会のチラシです（２４２頁）。こういうことがどんどん起こって来るんじゃないかという気がして、そこが心配でならない。

なんでもないと思われるんでしょうけれど、これは戦争中に京都のある町の町内会で配られたものです。すごく大事なことが書いてあります。「大東亜戦争必勝祈願　国旗尊重　日の丸精神高揚」。そこに四箇条書いてありますね。国旗掲揚の時間が決まっているわけですね。「午前七時、家族そろって揚げましょう。午後五時には隣組一斉に納め、忘れぬようにいたしましょう」。暗くなったら取込まなければいけないんです。雨の日も風の日も、夜も昼も揚げておくのはいけないんです、ありがたいものですから、ちゃんと時間を守らなければいけないんです。ここが問題なんです。「皆さんの家にある国旗を隣組で纏め、氏神神社で修祓をしていただき、これを一斉に一層尊重しましょう」。神様に持って行ってお祓をしてもらうと、一段とありがたくなるわけですね。効き目が違うんです。

大東亞戰爭必勝祈願

國旗尊重
日の丸精神昂揚

一、國旗掲揚日は午前七時家族揃って掲げませう
一、午後五時には隣組一齊に納め、忘れぬやうにいたしませう（冬季時間）
一、皆さんの家にある國旗を隣組で纒め、氏神神社で修祓をして頂き之を一層尊重いたしませう
一、隣組常會には神社に修祓された國旗がありますから、氏神神社で頒布をして頂き、之れを奉掲して日の丸精神で常會を開きませう
（この國旗を順番に常會當番の家に掲げる喜びを當番の家の誇りにいたしませう）

回覧

主唱　大日本國旗協會關西支部
後援　大日本神祇會京都府支部

國旗掲揚心得
祝祭日には家の内側から見て右側に立て、玉と旗とを離さず密着させること
弔旗の場合は家の内側から見て左側に立て、玉を黒布で包み玉と旗とを離すこと
（旗巾の約三分の一位下げるが適當）

戦争中に京都のある町内会で配られたチラシ

もうここで隣組というものの縛りを感じますよね。「家には日の丸ないよ」とは言えないわけですね、こうなれば。「隣組・町会は、神社に修祓された国旗がありますから、氏神神社で頒布して頂き、これを奉納して日の丸の精神で常會を開きましょう」。だから「持ってなかったらあるよ、わけてあげるよ」ということが書いてあります。

この頃どこも町内会なんてあんまり関係ないとだいたい思っているし、まあしょうがないな、会費払うか。いやでもお祭りの会費までは払わないぐらいのいろいろな話はあるでしょうけれど、町内会に入らないというのは、それなりに抵抗はありますよね。町内会としてまとめて即位の礼を祝ったりするとなれば、

その分だけは出したくないという思いはするでしょうけれど。

台東区で「町内会に入りましょう」というチラシを、区民に配っています。ここに掲げられているのは「町をきれいにしましょう。お花を飾ろう。お祭りを一緒にやりましょう」もう危ないですね、この辺から。「防犯活動」。この頃制服を着ていますよね。おそろいのものを着ています。だんだん危なくなってきている。なんとか団と言いながら、「火の用心」と言ったり「なんとか用心」と言いながら。「ラジオ体操を一緒にやりましょう」と。だいたいこれは戦争中にやったことと、町内会や隣組がやったことと同じようなことだろうと思うんですが、そういう雰囲気の中で「令和」が「令和」として騒がれる。

私はずっと「教室から戦争は始まる」と言ってきたんですけれど、もうやっぱり始まっていると言わなければいけないだろうと思うんですね。この間、安田純平さんが「後方支援は戦争じゃないと安倍さんは言うけれど、後方支援があるからこそ戦争ができるんで、後方支援こそ戦争だ」と言っていましたが、それに違いないと思うんです。まさに戦争の中にいるわけです。なんでこんなことになったかと思う時に、「教育勅語はどうなっているんだ」という疑問が出たんで、それをお話ししたいと思ったわけです。

資料の中に「教育勅語」を入れておきました（244頁）。これお読みになれますか？これは私たちが習った教科書の小学校四年生のですので、ルビは旧仮名でふってあります。「チンオモフニワガクワウソクワウソ……」（笑）と書いてありますので、お読みになりにく

教育勅語　1890年10月30日発布

朕《チン》惟《オモ》フニ我《ワ》カ皇《クワウ》祖《ソ》皇《クワウ》宗《ソウ》國《クニ》ヲ肇《ハジ》ムルコト宏《クワウ》遠《エン》ニ徳《トク》ヲ樹《タ》ツルコト深《シン》厚《コウ》ナリ我《ワ》カ臣《シン》民《ミン》克《ヨ》ク忠《チウ》ニ克《ヨ》ク孝《カウ》ニ億《オク》兆《テウ》心《ココロ》ヲ一《イツ》ニシテ世《ヨ》々《ヽ》厥《ソ》ノ美《ビ》ヲ濟《ナ》セルハ此《コ》レ我《ワ》カ國《コク》體《タイ》ノ精《セイ》華《クワ》ニシテ教《ケウ》育《イク》ノ淵《エン》源《ゲン》亦《マタ》實《ジツ》ニ此《コヽ》ニ存《ソン》ス爾《ナンヂ》臣《シン》民《ミン》父《フ》母《ボ》ニ孝《カウ》ニ兄《ケイ》弟《テイ》ニ友《イウ》ニ夫《フウ》婦《フ》相《アヒ》和《ワ》シ朋《ホウ》友《イウ》相《アヒ》信《シン》シ恭《キョウ》儉《ケン》己《オノ》レヲ持《ヂ》シ博《ハク》愛《アイ》衆《シウ》ニ及《オヨ》ホシ學《ガク》ヲ修《ヲサ》メ業《ゲフ》ヲ習《ナラ》ヒ以《モツ》テ智《チ》能《ノウ》ヲ啓《ケイ》發《ハツ》シ徳《トク》器《キ》ヲ成《ジヤウ》就《ジユ》シ進《スヽ》テ公《コウ》益《エキ》ヲ廣《ヒロ》メ世《セイ》務《ム》ヲ開《ヒラ》キ常《ツネ》ニ國《コク》憲《ケン》ヲ重《オモン》シ國《コク》法《ハフ》ニ遵《シタガ》ヒ一《イツ》旦《タン》緩《クワン》急《キフ》アレハ義《ギ》勇《ユウ》公《コウ》ニ奉《ホウ》シ以《モツ》テ天《テン》壤《ジヤウ》無《ム》窮《キユウ》ノ皇《クワウ》運《ウン》ヲ扶《フ》翼《ヨク》スヘシ是《カク》ノ如《ゴト》キハ獨《ヒト》リ朕《チン》カ忠《チウ》良《リヤウ》ノ臣《シン》民《ミン》タルノミナラス又《マタ》以《モツ》テ爾《ナンヂ》祖《ソ》先《セン》ノ遺《ヰ》風《フウ》ヲ顯《ケン》彰《シヤウ》スルニ足《タ》ラン

斯《コ》ノ道《ミチ》ハ實《ジツ》ニ我《ワ》カ皇《クワウ》祖《ソ》皇《クワウ》宗《ソウ》ノ遺《ヰ》訓《クン》ニシテ子《シ》孫《ソン》臣《シン》民《ミン》ノ倶《トモ》ニ遵《ジユン》守《シユ》スヘキ所《トコロ》之《コレ》ヲ古《コ》今《コン》ニ通《ツウ》シテ謬《アヤマ》ラス之《コレ》ヲ中《チウ》外《グワイ》ニ施《ホドコ》シテ悖《モト》ラス朕《チン》爾《ナンヂ》臣《シン》民《ミン》ト倶《トモ》ニ拳《ケン》々《ヽ》服《フク》膺《ヨウ》シテ咸《ミナ》其《ソノ》徳《トク》ヲ一《イツ》ニセンコトヲ庶《コヒ》幾《ネガ》フ

明《メイ》治《ヂ》二《ニ》十《ジフ》三《サン》年《ネン》十《ジフ》月《グワツ》三《サン》十《ジフ》日《ニチ》

御《ギヨ》名《メイ》　御《ギヨ》璽《ジ》

「教育に関する勅語の全文通釈」　昭五（1930）文部省図書局

朕がおもうに、我がご祖先の方々が国をおはじめになったことは、極めて広遠であり、徳をお立てになったことは極めて深く厚くあらせられ、また、我が臣民は、よく忠に励みよく孝を尽くし、国中のすべての者が皆心を一つにして代々美風をつくりあげて来た。

これは我が国柄の精髄であって、教育のもとずくところも、また、実にここにある。汝臣民は、父母に孝行を尽くし、兄弟姉妹仲良くし、夫婦は互いにむつみあい、朋友互いに信義をもって交わり、へりくだって気ままの振るまいをせず、人々に対して慈愛を及ぼすようにし、学問を修め業務を習って、知識才能を養い、善良有為の人物となり、進んで公共の利益を広め、世のためになる仕事をおこし、常に皇室典範並びに憲法を初め諸々の法令を尊重遵守し、万一危急の大事が起こったならば、大義にもとずいて勇気をふるい、一身を捧げて皇室国家のためにつくせ。こうして、神勅*のまにまに天地とともに、頼りなき宝祚の御栄をたすけ奉れ。このようにすることは、ただに朕に対して忠良な臣民であるばかりでなく、それがとりもなおさず、汝らの、祖先の残した美風をはっきりあらわすことになる。

ここに示した道は、実に我がご祖先のお残しになった御訓であって、皇祖皇宗の子孫たる者及び臣民たる者が、ともに従い守るべきところである。この道は古今を貫ぬいて永久に間違いがなく、また我が国はもとより外国でとり用いても正しい道である。

朕は汝臣民と一緒にこの道を大切に守って、皆この道を体得、実践することを切に望む。

いだろうと思うんですけれど。みんなさっと読んで、親孝行が書いてあるとか、友達と仲良くしろと書いてあるというふうに読まれたと思うんですけれど、どのように読まれますか？

どのように読まれますかということで、その二〜三枚先に「教育に関する勅語の全文通訳」という文部省図書局の訳を載せておきました。教育勅語の現代訳というのは、もう何十とあります。一番お終いには、道徳協会の稲田朋美らのものも載せておきましたけれど、まずこれをご覧ください。

これを読んでいただくと、いろんな解釈ができるにしても、文科省として子供たちに教えたいことはこういうことだということがおわかりいただけると思います。だいたいの文章としては、「兄弟仲良くして」というようなことが書いてあります。「常に皇室典範並びに憲法を初め諸々の法令尊重遵守し、万一危急の大事が起こったならば、大義にもとずいて勇気をふるい、一身を捧げて皇室国家のためにつくせ。こうして、神勅のまにまに天地とともに、窮まりなき宝祚の御栄をたすけ奉れ。」なんのことかおわかりいただけますか？「神勅」というのは、ご存じないですよね。誰か言える人いますか？教科書に載っているこれを読んだだけでは、「神勅」という言葉は出てきませんけれど、「ここに書いてあることは神勅のことなんだよ」ということが文部省の解説文にあります。「神勅のまにまに」。神勅というものはどういうものかというと、

「豊芦原《とよあしはら》千五穂秋《ちいほあき》の瑞穂《みずほ》の国《くに》はこれが吾《わ》が子孫《うみこ》の王《きみ》たるべき地《くに》なり璽《なんじ》皇孫就《つ》きて治《し》らせ、宝祚《あまつひつぎ》の隆《さか》えまさむこと当《まさ》に天壌《あまつき》と窮《きわ》まりなかるべし」

と言って、天照大神がこの神勅を瓊瓊杵尊《ににぎのみこと》に渡して、瓊瓊杵尊から孫の神武天皇ができるという筋になっているわけです。その神勅こそが神髄だということを、ここで言っている。その後に続く、「神勅のまにまに天地とともに、窮まりなき宝祚」、「宝祚」っておわかりですか？　わからないよね。他に「皇祖」という言葉がありますよね。「天皇」という意味なんですけれど、それを「皇」の方を「宝」にして「宝祚」にした。ということは「皇祖」の更なる尊称、褒め言葉なんです。天皇の位をもっと奉った言葉として「宝祚」があるわけです。即ち天皇ということです。天皇の「御栄をたすけ奉れ。このようにすることは、ただに朕に対して忠良な臣民であるばかりでなく、それがとりもなおさず、汝らの、祖先の残した美風をはっきりあらわすことになる。ここに示した道は、実に我がご祖先のお残しになった御訓であって、皇祖皇宗の子孫たる者及び臣民たる者が、ともに遵守すべきところである。」ちゃんと分けていますよね。私と、臣民であるお前たちが、守るべきものである。朕と汝臣民とは区別しているわけです。汝臣民を朕とともに守る、そこが大事なんだということを言っている。

俗に私たちの仲間で言われてきたことは、教育勅語というのは、「一旦緩急あれば」という所を読んで、「一旦緩急あれば命をかけて天皇のために死ねというふうに言っているんだ」というわけですけれど、天皇のためだけに留まらない。天皇のためではなくて、ずっと前、要するに宝祚に良くするという意味なんです。朕のためだけではなくて万世一系を守ることになるんだと。それこそがこの道だということなんです。こんなものを子供たちに読ませていたわけです。

この教育勅語というのは不十分なわけですよね。不十分だとはみんなわかっていたわけで、不十分だからその都度追加して来ています。「戊申詔書」だとか「國民精神作興ニ關スル詔書」「青少年學徒ニ賜ハリタル勅語」というのが続いて出ました。詔書というのは紙に書いたもので、勅語というのはしゃべったものを下々が書いたものです。

「戊申詔書」というのは文章が面白いんで、私なんかはよく覚えました。「眹惟フニ方今人文日ニ就リ月ニ……」なんてひじょうに覚えやすくて、スラスラ言える（笑）。声を出して読むには面白い。これは日露戦争が終わった時に、国民が勝利に酔って若干軽佻浮薄の気風が見えたんで、それを戒めるために出されました。

「國民精神作興ニ關スル詔書」は覚えるのが面倒くさくて、あまり覚えなかった。関東大震災です。関東大震災の後、みんなで頑張ろうというのです。今で言えば東日本大震災の後に、なんか言ったでしょうか。

さらにこれは、私は十四歳でしたのでよく覚えていますけれど、「青少年學徒ニ賜ハリタル勅語」といって、戦争中に出たものです。これはすごく感じましたね。読んでいただくと、「——汝等青少年學徒ノ雙肩ニ在リ」とあるでしょう？「汝等青少年學徒ノ雙肩ニ在リ」と言われると、一四、五歳の少年少女はホントに自分の肩に日本の国を背負っているような気になるんです。日本の国を私が天皇から預っているような気になる。で、頑張れというわけです。教育勅語以上にこれはこたえましたよ。

そして戦争して負けるわけなんですけれど、負けた後、教育基本法が四七年に出ます。教育基本法が出たんだから教育勅語はなくなったはずなのに、なくならない。なくならないから四八年に参議院と衆議院の決議が行われて、「まだまだ教育勅語が残っているような気がしているんで、そうではなくて教育勅語は終わったんだぞ」ということをここで言っているわけです。ここに大きな問題があるんだと思うんです。ここに「教育勅語はお終いだよ」ということが書いてあるんです。だけどどこがどんなふうにに悪いということは、きちんと書いてない。「お終いだぞ」というだけしか書いてないわけです。ちゃんとしなかったんですよね。「教育勅語を守ることが万世一系を守るための国民の義務、努力しなければいけないと言ったけれど、それが間違っていたんだぞ」ということを言っていないんです。そこをちゃんとしておかなかった。要するに戦争責任をきちんとしておかなかったことが後々まで響いて、今日にまで及んでいると思います。一応「これでお終いだぞ」と書いてあるけれど、ぜんぜんそうはならないで、この決議をしたもののやっぱり教育勅語は必要、守らなければというのが続いていくわけです。

念のために四七年に出された、「文部省の学習指導要領一般編（試案）」の最初の方を資料に入れておきました。「なぜこの書は作られたか」という、子どもにもわかるような文章です。「今までの教育は間違っていた。教育というものは自分たちが作っていくものだ」ということが書いてあります。にもかかわらず、さかんに教育勅語はいいものだということが、最近の人たちに限らず出て来ています。

資料の次のページは、毎日新聞二〇一八年一二月二五日の記事のコピー（250頁）です。

その次（251頁~252頁）は、『教育勅語の戦後』（長谷川亮一著　白澤社刊）という本に載せられているもので、教育勅語を賛美する人びと、「教育勅語はいいものだ」とか「教育勅語は必要だ」と言った人が順番に並べてあります。重要なポストにいる人たち、お金持ちや政治家は「教育勅語はいいものだ」と言っています。一つ一つ読んでいくと腹が立つんですが、「とりあえずいいものだ」というのと、一応ちゃんと読んで「いやだ」というのと、いろいろあります。企業の人たちというのは、ただもう「とにかく親孝行で忠義を尽くすのはいいもんだ」みたいなことをなぞっている。ちょっと引っかかったのは、麻生太郎です。「少なくとも書いてあることはいいんだけれど、『以テ天壌無窮ノ皇運ヲ扶翼スヘシ』と書いたのがいけなかったんだね」と彼は言っているわけで、ちょっとわかっているんですね、この人（笑）。それに違いないわけでしょう？　これがあるから。これが一番悪いわけ

教育勅語 復権へじわり

「教育勅語を学校の教材に利用しよう」という発言が閣僚から相次ぐ。10月に柴山昌彦文部科学相が「道徳に使えるという意味で普遍性がある」などと述べ、4年前にも当

局長答弁で終わるはずだったが、下村氏が私の答弁に不満で自ら答弁したのでしょう」

道徳教科化の実現に執念を燃やしてきたことがわかる。その一方で閣僚らから教育勅語の容認論が相次ぎ、昨年には閣議決定までされた。日本国憲法に基づく教育基本法が改正され、「国を愛する態度を養うこと」（愛国心）が教育目標に加わったのも、第1次政権の時だった。

傷など子供の事件が相次いだ1990年代に道徳教育が叫ばれ、文科省は道徳の内面を記す副教材「心のノート」配布や大人と子供の対話を促す社会教育の取り組みで成果を上げた。事態が落ち着いたあと、第1次安倍政権が道徳教科化を進める。寺脇氏は「政府は大津いじめ死事件を理由

学委員会で、柴山氏とほぼ同様の答弁をした。その舞台裏を、当時同省の局長だった前川喜平氏が毎日新聞の取材に証言した。

委員会で予定されていた「教材利用すべきだ」との質

えております」と答えた。この直後に下村氏が答弁で「差し支えない」と踏み込んだ。

「良心のアラームが鳴った」と前川氏は回想する。「おかしな日本語になったが『差し支えない』などとは言えない。

意向が強い。親孝行などの徳目は時代や国を超え有意義だ。問題視される『（君主への）忠』は〝愛国心〟、『一旦緩急あれば義勇公に奉じ』は〝緊急時には同胞のため力を合わせて〟と読み替えられ

元文科官僚の寺脇研・京都造形芸術大客員教授は、教育勅語肯定論を「動物愛護はよいと江戸時代の『生類憐れみの令』を復活させるようなものだ」と疑問視する。寺脇氏によると、神戸連続児童殺

た。教育勅語がなぜ否定されたか歴史的事実を素直に学び、理解することができない状態にある。こうした教育の先に何が待つのか。日本は再び破滅を経験するかもしれない」と警鐘を鳴らしている。

2006年6月2日

安倍晋三官房長官

（教育勅語には）「子は親に孝養を尽くす」「夫婦は温かい家庭を築く」など大変素晴らしい理念が書いてある＝衆院教育基本法特別委員会で 図

- **9月** 第1次安倍政権発足（～07年9月）
- **10月** 首相直属の教育再生会議発足
- **12月** 改正教育基本法が成立。教育の目標に「我が国と郷土を愛する態度を養う」（愛国心）が盛り込まれる
- **07年 3月** 教育再生会議が道徳教科化提言の方針固める 図
- **4月** 中央教育審議会が道徳の教科化を否定 図
- **12年12月** 第2次安倍政権発足
- **13年 1月** 首相直属の教育再生実行会議が発足
- **2月** 教育再生実行会議が道徳教科化を提言 図

14年4月8日

下村博文文部科学相

教育勅語の中身そのものは今日でも通用する普遍的なものがある。学校で教材として使うことは差し支えないと思う＝参院文教科学委員会で 図

- **10月** 中央教育審議会が道徳の教科化を提言 図
- **15年 3月** 学習指導要領改定し「特別の教科・道徳」加える 図

9月5日

安倍昭恵氏

（園児に教育勅語を朗唱させる森友学園系列の塚本幼稚園の教育方針について）主人もたいへん素晴らしいと思っている＝同幼稚園で講演 図

17年3月8日

稲田朋美防衛相

教育勅語の精神、日本が道義国家を目指すという精神は今も取り戻すべきだと考えている＝参院予算委員会で 図

- **3月31日** 政府が「教育勅語は憲法や教育基本法などに反しないような形で教材として用いることまでは否定されることではない」との答弁書を閣議決定 図

4月3日

菅義偉官房長官

親を大切にするとか、兄弟姉妹が仲良くするといった項目があり、適切な配慮のもと、教材使用自体に問題はない＝記者会見で 図

- **18年 4月** 小学校で道徳が教科化 図

10月2日

柴山昌彦文部科学相

教育勅語は、現代風に解釈されたりアレンジした形で今の道徳などに使うには十分だという意味では、普遍性を持っていると思う＝就任記者会見で 図

- **19年 4月** 中学校で道徳が教科化 図

『毎日新聞』2018年12月25日付

1　教育勅語を賛美する人々

天野貞祐《ていゆう》（一八八四～一九八〇／文部大臣）

教育勅語にふくまれる主要な徳目は今日といえども妥当性を有つものであって「父母ニ孝ニ［…］国法ニ従ヒ」というのはそのまゝ現在もわれわれの道徳的規準であります。［『朝日新聞』一九五〇年一一月二六日付寄稿］

岡野清豪《きよひで》（一八九〇～一九八一／文部大臣）

あの教育勅語は、終戦後廃止されたのでございますけれども、しかしこれは汝臣民に告ぐとか、拳々服膺しようじゃないかというような、いわゆる君民――封建的な関係の時代の文句を使ったり、形式を使ってあるから廃止されているのでありますけれども、しかし私はその内容においては、千古の真理を持っていると考えます。［一九五三年二月九日・衆議院予算委員会］

大達《おおだち》茂雄（一八九二～一九五五／文部大臣）

教育勅語に内容をなしております徳目の中につきましては、これはわが民族として最も大切にその徳目を保存して、これを履行して行かなきゃならぬものだと思っております。［一九五三年六月二六日・衆議院文部委員会］

田中耕太郎（一八九〇～一九七四／最高裁判所長官）

この道徳について教育勅語には簡明にあらわされている。その形式が天皇の命令であり、非民主的だからといって、なかみまでまちがっているということにはならない。いかなる民族に対しても、また古今を通じて範囲としうるりっぱなものである。［一九五六年一〇月一六日・校長研究協議会での講演。田中 一九五六：五〇］

吉田茂（一八七八～一九六七／元内閣総理大臣）

どうしても、私は、日本国民全体に通じる生きた教育信条というようなものを、はっきりと打ち出す必要があると、ますます思うようになった。戦争に負ける前には、そういうものとして、「教育勅語」が働いていた。「教育勅語」が一から十まで、今の教育信条として妥当するものとは、私といえども思わないが、さればといって、中外に施して悖らず、古今に通じて謬らざる立派な精神もそれには示されており、また国民全体によい影響を与えていた節もあったのである。［吉田 一九五七：一〇四～一〇五］

（中略）

『教育勅語の戦後』長谷川亮一著　白澤社刊　現代書館発売より抜粋）（次頁も）

中山成彬（一九四三～／文部科学大臣）

教育基本法が制定されたときには教育勅語というのもございまして、この二つの法律が車の両輪となって日本の教育をやっていこうということでございましたが、GHQの指令によりましてこの教育勅語が廃止されたわけでありまして、戦後の日本の教育というのは、ある意味では片肺飛行でやってきた。［…］心の問題だとか、いわゆる道徳だとか、公の心だとか、日本人としてどういう日本人を育てるんだという観点が抜けたそういう教育が戦後ずっと行われてきたんじゃないかな、そこにも今日的なさまざまな課題が生じているんじゃないかな、こう思っているわけでございます。そういう意味で、教育勅語を読んでみますと、本当にいいことが書いてあるなと私自身は思っております。［二〇〇五年一〇月一九日・衆議院文部科学委員会］

麻生太郎（一九四〇～／外務大臣、のち内閣総理大臣）

［…］少なくとも書いてあるところは、お父さんに孝行しなさい、兄弟は仲よくしなさい、夫婦は仲よくしなさいと、これはみんなまともなことが書いてあるんです、ずっと。だから、全然おかしいところはない、そこだけ読めば。

ところが、「以テ天壌無窮ノ皇運ヲ扶翼スヘシ」というところが一番ひっかかるところなんですよ。そこが国運と書いてあればまだまだ話は違ったものだと思いますけれども、皇運と書いてあるから非常に問題があるのではないかという御指摘は当たっているのではないでしょうか。

しかし、これをもって、教育勅語があったから戦争に入ったという、教育勅語と戦争に突入していったという直接の関係はなかなか見出せないんだと思いますが。［二〇〇六年五月二六日・衆議院教育基本法に関する特別委員会］

下村博文《しもむらはくぶん》（一九五四～／文部科学大臣）

この徳目は、至極真っ当な、今でも十分通用するというか、これは戦後とか戦前関係なく、あるいは国を関係なく、この教育勅語の十二の徳目でありますが、中身そのものについては普遍性があるというふうに思います。［二〇一四年四月二五日・衆議院文部科学委員会］

稲田《いなだ》朋美（一九五九～／防衛大臣）

教育勅語の中の、例えば親孝行とか、そういうことは、私は非常にいい面だと思います。そして、そこで文科省がおっしゃっている丸覚えをさせることに問題があるということに関しては、どうなのかなと思います。［二〇一七年二月二三日・衆議院予算委員会第一分科会］

教育勅語の口語文訳《こうごぶんやく》

私は、私達の祖先が、遠大《えんだい》な理想《りそう》のもとに、道義国家《どうぎこっか》の実現をめざして、日本の国をおはじめになったものと信じます。そして、国民は忠孝両全《ちゅうこうりょうぜん》の道を完《まった》うして、全国民が心を合わせて努力した結果、今日に至るまで、美事《みごと》な成果《せいか》をあげて参りましたことは、もとより日本のすぐれた国柄《くにがら》の賜物《たまもの》といわねばなりませんが、私は、教育の根本《こんぽん》もまた、道義立国《どうぎりっこく》の達成にあると信じます。

国民の皆さんは、子は親に孝養《こうよう》をつくし、兄弟、姉妹はたがいに力を合わせて助け合い、夫婦は仲むつまじく解《と》け合い、友人は胸襟《きょうきん》を開いて信じ合いそして、自分の言動《げんどう》をつつしみ、すべての人々に愛の手をさしのべ、学問を怠《おこた》らず、職業に専念《せんねん》し、知識を養《やしな》い、人格をみがき、さらに進んで、社会公共《しゃかいこうきょう》のために貢献《こうけん》し、また法律や、秩序《ちつじょ》を守ることは勿論《もちろん》のこと、非常事態《じたい》の発生《はっせい》の場合は、真心《まごころ》をささげて、国の平和と、安全に奉仕しなければなりません。そして、これらのことは、善良《ぜんりょう》な国民としての当然のつとめであるばかりでなく、また、私達の祖先が、今日まで身をもって示し残された伝統的美風《でんとうてきびふう》を、更にいっそう明らかにすることでもあります。

このような国民の歩むべき道は、祖先の教訓《きょうくん》として、私達子孫《しそん》の守らなければならないところであると共に、このおしえは、昔も今も変らぬ正しい道であり、また日本ばかりでなく、外国で行《おこな》っても、まちがいのない道でありますから、私もまた国民の皆さんとともに、父祖《ふそ》の教えを胸に抱《いだ》いて、立派《りっぱ》な日本人となるように、心から念願《ねんがん》するものであります。

―国民道徳協会訳文による―

（靖國神社社務所）

国民道徳協会による教育勅語の口語文訳

ですから。他の人たちはわかっていないのか、そこにはまったく触れていないないです。「七五三で大國霊神社に行ったら、教育勅語をくれたよ」という人がいました。それは資料に入れた教育勅語とまったく同じものの裏に、口語訳文を刷り込んであります。その口語訳は、稲田朋美が代表をしている国民道徳協会というところの訳文です（253頁）。まったく教育勅語と関係ないことまで書いてある。こういうのが今広まっていて、今はまだ言わないけれど、そのうち町内会でこういうことまで取り上げるようなことにならないとは限りません。

戦後すぐにきちんとやるべきことをやっていなかった、戦争責任をきちんと問わなかったということのツケが、今あると思う。今からでも遅くはないから、そこのところをきちんとしていかなければならないと思います。天皇を含めた戦争責任をきちんと、私も含めた戦争責任を明らかにすることによって始まるんだと思います。

〈ピープルズ・プラン研究所〈連続講座〉第Ⅱ期・第4回「教育勅語」・「日の丸」・「君が代」と「象徴天皇制」パンフレットVol・24より転載〉

あとがき（新装増補版）

いま、この国では、驚くべきことが立て続けに起こっている。国会では、東京高検検事長の定年延長をめぐって辻褄の合わない答弁が続き、「桜を見る会」についての安部首相の説明は嘘ではないかという疑惑がもたれている。どの問題を見ても、適正な処理であるならば、それを証明する文書を出せばよいのだけれど出せずにいるのだから野党は何度も同じ追及をしなければならない。

新型コロナウィルスの感染拡大防止策では、水際で阻止できず、「検査難民続出」と批判された首相は、関係省庁間の連絡準備もないまま、専門家会議で議論にもなっていない、全国の小中高校などへの一斉休校の要請を発した。突然の全国一斉休校要請が、国民生活に与える影響はあまりにも大きい。ウィルスに対する不安に加えて、生活にかかわる具体的な不安が全国に広がった。対策は緊急を要し、即断が必要な時もあるだろう。だが首相は記者会見で、「なぜいきなり、なぜ全国一斉なのか」という問に対し明確な説明はできなかった。安倍首相への新たな不信が広がった。

この事件の最大の犠牲者は子どもであり、なかでも卒業式を迎える子どもたちである。それぞれの門出を祝う行事であるはずだが、既に「国旗（日の丸）に正対し、国歌（君が代）を歌うことが教師・生徒はもちろん参列する来賓・保護者にも強いられており、創意的に祝うことはできなくなっている。東京都では10・23通達（２００３年）以来、起立して歌わない教師には懲戒処分が課せられ、退職後の再雇用も拒否されている。すでにその数は４８３人に及んでいる。

一斉休業の中で行われる卒業式は、極端に縮小される。送る言葉を述べる在校生も、見守る父母も参加はできない。日の丸の前で君が代を歌って卒業証書を受け取るだけという惨めな卒業式であろう。公権力による国旗・国歌への敬意表明の強制は戦前・戦中の軍国主義・全体主義を想起させる。思想・良心・信仰・教育上の信念から職務命令に従えない教師たちの闘いは続いている。

驚くべきことが続くなか、驚くのは、驚くべきことに驚かないことである。

あいちトリエンナーレでは右派からの攻撃で、展示を中止し、補助金が不交付になった。結果としてネトウヨに集団的電話攻撃で展示の中止や補助金を打ち切らせることができることを覚えさせてしまった。その直後、在オーストリア日本大使館が友好１５０周年記念事業の認定を取り消した。日本の戦争責任に触れた動画や原発事故を題材にした作品を、一部の人が問題視し反日的と言い出したからである。欧州では検閲的な行為だとして報道されたそうである。「日本は表現の自由や民主主義を大切にしない国」と表明しているようなものである。

驚くべきことに、よりよい社会を築くためには多様な表現の場を保証すべき国や自治体が、全く反対の動きをする出来事が続く。市民の安全を守るといいながら、気に入らない表現活動を力で封じ込めようとする勢力に加担してしまっている。各地で映画の製作や上映にも圧力がかかっている。

東日本大震災と五輪誘致で「みんな化」が進み、今の日本には同調圧力と忖度が拡がって、芸術や文化の担い手までが背後にある権力者の意図を推察して自主規制をしている。これは権力の直接介入より恐ろしい。

いまこそ、驚くべきことに驚く感性を失ってはならない。

北村小夜

2020年3月

北村小夜　きたむら　さよ
1925年生まれ。1950年から86年まで教員。
（1965年から退職まで特殊学級の担任）
「障害児を普通学校へ・全国連絡会」世話人

著書：『普通学級に入って自立を探る』共著　明治図書（1985年）
『慈愛による差別』軌跡社（1991年）
『一緒がいいならなぜ分けた――特殊学校の中から』以下現代書館（1987年）
『おもちゃ箱ひっくり返した――ひとりの女・教師の半生』（1988年）
『能力主義と教育基本法「改正」――非才、無才、そして障害者の立場から考える』（2001年）
『戦争は教室からはじまる――元軍国少女・北村小夜が語る』「日の丸君が代」強制に反対する神奈川の会編（2008年）
『画家たちの戦争責任――藤田嗣治の「アッツ島玉砕」をとおして考える』梨の木舎（2019年）

教科書に書かれなかった戦争 Part 70
新装増補版　慈愛による差別
――――象徴天皇制・教育勅語・パラリンピック

2020年4月5日　　初版発行
著　者：　北村小夜
装　丁：　宮部浩司
カバー銅版画：山口ヒロミ
発行者：　羽田ゆみ子
発行所：　梨の木舎
〒101-0061 東京都千代田区神田三崎町2-2-12 エコービル1階
TEL.　03(6256)9517　FAX.　03(6256)9518
Eメール　info@nashinoki-sha.com
http://nashinoki-sha.com
D T P：具羅夢
印　刷：㈱厚徳社

教科書に書かれなかった戦争

⑯歴史を学び、今を考える ——戦争そして戦後

内海愛子・加藤陽子 著　　A5判／ 160頁／定価1500円＋税

◉目次　1部　歴史を学び、今を考える／それでも日本人は「戦争」を選ぶのか? 加藤陽子／日本の戦後—少数者の視点から　内海愛子／ 2部　質問にこたえて／●「国家は想像を越える形で国民に迫ってくる場合があります」加藤陽子／「戦争も歴史も身近な出来事から考えていくことで社会の仕組みが見えてきます」内海愛子●大きな揺れの時代に、いま私たちは生きている。いったいどこに向かって進んでいるのか。被害と加害、協力と抵抗の歴史を振り返りながら、キーパーソンのお二人が語る。●時代を読みとるための巻末資料を豊富につけた。特に「賠償一覧年表　戸籍・国籍の歴史……人民の国民化」は実にユニークです。

978-4-8166-1703-4

⑱過去から学び、現在に橋をかける
——日朝をつなぐ35人、歴史家・作家・アーティスト

朴日粉 著

A5判／ 194頁／定価1800円＋税

「いま発言しないで、いつ発言するのか」——辺見庸

斎藤美奈子・三浦綾子・岡部伊都子・吉武輝子・松井やより・平山郁夫・上田正昭・斎藤忠・網野義彦・江上波夫・大塚初重・石川逸子・多田富雄・若桑みどり・丸木俊・海老名香葉子・清水澄子・安江良介・黒田清・石川文洋・岩橋崇至・小田実・中塚明・山田昭次・三國連太郎・久野忠治・宇都宮徳馬・山田洋次・高橋良蔵・辻井喬・渡辺淳一

978-4-8166-1802-4

⑲ 画家たちの戦争責任
——藤田嗣治の「アッツ島玉砕」をとおして考える

北村小夜 著

A5判／ 140頁／定価1700円＋税

作戦記録画は、軍が画家に依頼して描かせた。画材も配給された。引き受けない画家もいた。1943年のアッツ島玉砕の後、藤田の「アッツ島玉砕」は、国民総力決戦美術展に出品され全国を巡回した。東京の入場者は15万人、著者もその一人で、絵の前で仇討ちを誓ったのだった。

◉目次　1 戦争画のゆくえ　2 そのころの子どもは、親より教師より熱心に戦争をした　3 戦争画を一挙公開し、議論をすすめよう！

978-4-8166-1903-8

しゃべり尽くそう! 私たちの新フェミニズム

望月衣塑子・伊藤詩織・三浦まり・平井美津子・猿田佐世 著

四六判／ 190頁／定価1500円＋税

◉目次　言葉にできない苦しみを、伝えていくということ・伊藤詩織／女性＝アウトサイダーが入ると変革が生まれる——女性議員を増やそう・三浦まり／「先生、政治活動って悪いことなん?」子どもたちは、自分で考えはじめている——慰安婦」問題を教え続けて・平井美津子／自発的対米従属の現状をかえるために、オルタナティブな声をどう発信するか——軍事・経済・原発・対アジア関係、すべてが変わる・猿田佐世

978-4-8166-1805-5